Julius Frauenstädt

Die Naturwissenschaft in ihrem Einfluß auf Poesie, Religion, Moral und Philosophie

Verlag
der
Wissenschaften

Julius Frauenstädt

Die Naturwissenschaft in ihrem Einfluß auf Poesie, Religion, Moral und Philosophie

ISBN/EAN: 9783957004475

Auflage: 1

Erscheinungsjahr: 2015

Erscheinungsort: Norderstedt, Deutschland

Hergestellt in Europa, USA, Kanada, Australien, Japan
Verlag der Wissenschaften in Hansebooks GmbH, Norderstedt

Cover: Foto ©Joujou / pixelio.de

Die
Naturwissenschaft

in ihrem Einfluß

auf

Poesie, Religion, Moral und Philosophie.

Die
Naturwissenschaft

in ihrem Einfluß

auf

Poesie, Religion, Moral und Philosophie.

Von

Dr. Julius Frauenstädt.

Leipzig:

F. A. Brockhaus.

1855.

Die Natur bleibt ewig respectabel, ewig bis auf
einen gewissen Punkt erkennbar, ewig dem Verstän-
digen brauchbar. Sie wendet uns gar mannichfaltige
Seiten zu; was sie verbirgt, deutet sie wenigstens an;
dem Beobachter wie dem Denker gibt sie vielfältigen
Anlaß, und wir haben Ursache, kein Mittel zu ver-
schmähen, wodurch ihr Aeußeres schärfer zu bemerken
und ihr Inneres gründlich zu erforschen ist.

Goethe.

Vorwort.

Selten hat eine Behauptung mit Recht solchen
Anstoß erregt, wie die des berühmten göttinger
Physiologen Rudolf Wagner, daß es möglich
sei, Glauben und Wissenschaft nebeneinander ab=
laufen zu lassen, im Glauben ein Anderer zu
sein, als mit der wissenschaftlichen Ueberzeugung.
„In Sachen des Glaubens", rühmte Wagner
von sich, „liebe ich den schlichten, einfachen Köhler=
glauben am meisten, in wissenschaftlichen Dingen
rechne ich mich zu Denen, welche gern die größte
Skepsis üben." (Zuerst in der augsburger „Allge=
meinen Zeitung" vom 20. Jan. 1852 und später
wiederholt in der Abhandlung „Ueber Wissen und
Glauben, mit besonderer Beziehung zur Zukunft
der Seelen. Fortsetzung der Betrachtungen über
Menschenschöpfung und Seelensubstanz", Göttingen
1854.)

Zur Ehre der Naturforscher müssen wir annehmen, daß es den meisten mit dieser eigenthümlichen Art „doppelter Buchhaltung" gegangen sein wird, wie Lotze, der bekennt, kein Verständniß für dieselbe zu haben. „In der Naturwissenschaft", sagt Lotze, „diesem Princip zu folgen und für die Trostlosigkeit seiner Resultate schadlos zu halten, indem man im Glauben ein anderes Resultat umfaßt, hat mir stets eine unwürdige Zersplitterung der geistigen Kräfte geschienen. Ich begreife die Foderung, daß man jeden Kreis von Gegenständen nach der eigenthümlichen Natur derselben bearbeiten soll, und daß es voreilig ist, höchste ethische und religiöse Gesichtspunkte unmittelbar zur Erklärung hinzuziehen, wo es sich um vielfach vermittelte und abgeleitete Vorgänge handelt. Ich verstehe auch, daß menschliche Wissenschaft Lücken haben muß, und daß es uns schwerlich je gelingen wird, die Ansicht der Welt, die wir vom ethischen Standpunkte aus uns bilden können, in stetigen Zusammenhang mit der andern zu bringen, die wir uns, vom Einzelnen der Erfahrung und von seinen speciellen Gesetzen ausgehend, auf einem regressiven Wege zusammensetzen. Aber unmöglich können wir uns dabei beruhigen, daß eine dieser Auffassungen in principiellem Widerstreit mit der andern steht, daß das Erkennen etwa gerade Dasjenige als unmöglich darstellt, was der Glaube als nothwendig ansehen muß. Man kann die Unmöglichkeit eines wissenschaftlichen Beweises für die Unsterblichkeit einsehen und dennoch an sie glauben; aber vorzugeben, man sei von der Unmöglichkeit der Unsterblichkeit oder der Freiheit wissenschaftlich überzeugt und dennoch zu verlangen, daß man sie glaube, dies ist ein widersinniges Spiel. Was sollte uns die Wissenschaft helfen, wenn sie für unser ganzes geistiges Leben das Resultat hätte, daß einzelne große Gedankenrichtungen in uns ohne Vermittelung und Einheit nebeneinander arbeiteten, wie etwa Krummzapfen und Räder in einer Maschine jedes nach seiner Art arbeiten, und wissen Keines von dem Andern? Eine solche Theilung der Meinungen daher, wie sie uns vorgeschlagen wird, können wir nicht eingehen. Zeigte es sich, daß unsere Erkenntniß mit Nothwendigkeit zu Resultaten kommt, die jene Postulate der sittlichen Vernunft ausschließen, so bliebe uns nur übrig, entweder auch im Glauben Freiheit und Unsterblichkeit aufzugeben, oder wenn wir sie retten wollen, in der scheinbar sichern und vollendeten Wissenschaft dennoch Irrthümer zu vermuthen, die unserer Aufmerksamkeit vorläufig entgehen."

Dieser Stimme haben sich auch andere Naturforscher angeschlossen. Virchow sagt z. B., daß es wenige Naturforscher geben wird, welche nach Wagner'scher Weise „im Stande sind, ihr religiöses und naturwissenschaftliches Bedürfniß unabhängig voneinander zu befriedigen und sich zu verschiedenen Zeiten gleichsam wie zwei verschiedene Individuen zu verhalten. Die meisten werden der Begierde nicht widerstehen können, ihre religiösen und naturwissenschaftlichen Ueberzeugungen in Einklang zu setzen, und es dürfte wol nicht zweifelhaft sein, daß für einen ernsthaften Geist kaum eine Wahl bleiben kann". (S. 10—14 der Wagner'schen Abhandlung „Ueber Wissen und Glauben".)

Rudolf Wagner, der diese Urtheile selbst anführt, ist hartnäckig genug, ihnen gegenüber bei seiner „unwürdigen Zersplitterung der geistigen Kräfte" zu beharren. Denn er sagt: „Selbst auf die Gefahr hin, für einen bedenklichen «doppelten Buchhalter» oder für einen «unernsthaften Geist» gehalten zu werden, wage ich doch· beiden Männern gegenüber nicht nur meinen Standpunkt festzuhalten, sondern zugleich für völlig berechtigt, ja vielleicht für den einzig berechtigten zu halten." („Ueber Wissen und Glauben", S. 14.)

Wir unsererseits können in das Verdammungs= urtheil über Wagner's Coordination des Köhler= glaubens und der Wissenschaft, — am schärfsten ausgesprochen von Karl Vogt in der Streitschrift gegen Wagner über „Köhlerglaube und Wissen= schaft" (Gießen 1855) und von Eduard Zeller im „Deutschen Museum" von Prutz (1855, No. 11) — nur einstimmen. Denn blinder Autoritätsglaube und frei forschende Wissenschaft sind zwei von Grund aus verschiedene Dinge. Wer also ein aufrichtiger Bibelgläubiger ist, wer sich auf göttliche, über= natürliche Offenbarung beruft, der kann die der geoffenbarten Lehre widerstreitende naturwissen= schaftliche Wahrheit nicht ernstlich anerkennen; wer aber ein aufrichtiger Wissenschaftsfreund ist, kann wiederum die der Wissenschaft widerstrei= tenden Offenbarungslehren nicht als wahr gelten lassen. Hier heißt es also nicht: sowol Köhler= glaube, als auch Wissenschaft! sondern: ent= weder Köhlerglaube, oder Wissenschaft! Die Aufnahme beider nebeneinander und mit gleicher Geltung in den Geist ist ebenso von Natur un

möglich, als es unmöglich ist, einen und den=
selben Gegenstand zugleich zu lieben und zu
haſſen, ein und dieſelbe Frage zugleich zu be=
jahen und zu verneinen. „Niemand kann zween
Herren dienen. Entweder er wird den einen
haſſen und den andern lieben; oder wird einem
anhangen und den andern verachten“, ſagt die
Bibel. (Matth. 6, 24.) Dieſe ſchlichte Wahrheit
hätte der köhlergläubige Wagner auf ſich anwenden
ſollen, und er wäre nicht dem Verdachte, daß es
ihm weder mit dem Wiſſen, noch mit dem Glau=
ben Ernſt iſt, verfallen.

Unſere vorliegende Schrift, von der Einheit
und Unzertrennbarkeit des Geiſtes ausgehend und
demzufolge die Nothwendigkeit anerkennend, Glau=
ben und Wiſſen miteinander in Einklang zu brin=
gen, hat es verſucht, die Uebereinſtimmung des=
jenigen Glaubens, der ein wirkliches und wahres
Bedürfniß der Menſchheit iſt, mit derjenigen
Wiſſenſchaft, die echt und wohlbegründet iſt, nach=
zuweiſen. Sie zeigt, daß ein Widerſpruch zwiſchen
der ſtreng naturwiſſenſchaftlichen Anſchauung vom
Kosmos und der durch die höhern, ideellen In=
tereſſen der Menſchheit gefoderten Weltanſchauung
durchaus nicht beſteht, daß folglich die Nothwen=
digkeit einer doppelten Buchführung ganz wegfällt.

Aesthetische, moralische, religiöse und philosophische
Weltanschauung haben, wie wir nachgewiesen,
von echter Naturwissenschaft nicht nur nichts zu
fürchten, sondern gewinnen bedeutend durch die
Anerkennung ihrer Resultate. Wir maßen uns
nicht an, den Gegenstand, der einer der Unter=
suchung würdigsten und wichtigsten für unsere
Zeit ist, erschöpft zu haben, aber, dessen
sind wir uns bewußt, unsere Lösung des Strei=
tes zwischen Glauben und Wissen ist keine so=
phistische.

Wir stimmen mit Wagner darin überein, daß
die Naturwissenschaft „bei einer ernsten Vertiefung
in ihren Gegenstand nicht zu Resultaten kommen
kann, welche sie in den Verdacht bringen müssen,
die sittlichen Grundlagen der gesellschaftlichen
Ordnung völlig zu zerstören". („Menschen=
schöpfung und Seelensubstanz", S. 29.) Aber,
daß die Naturwissenschaft, um nicht in diesen
Verdacht zu kommen, die biblische Abstammung
der Menschen von Einem Paare und den
biblischen Dualismus zwischen Leib und
Seele zum Resultat haben müsse*), dies be=

---

*) S. „Menschenschöpfung und Seelensubstanz", S. 14;
,Ueber Wissen und Glauben", S. 30.

streiten wir. Die sittliche Grundlage der gesell=
schaftlichen Ordnung hat gar nichts mit der Frage
zu thun, ob die Menschen von einem, oder von
mehren Stammpaaren abstammen. Auch wenn
man ursprünglich verschiedene Racen annimmt,
ist z. B. die Sklaverei damit nicht gerechtfertigt*),
so wenig, als durch die vom Menschen verschiedene
Abstammung der Thiere die Thierquälerei ge=
rechtfertigt ist. Und, was zweitens den Dualis=
mus zwischen Leib und Seele betrifft, so haben
wir gezeigt, daß die Physiologie durch Bestrei=
tung desselben keineswegs die Moral gefährdet,
daß die moralischen Postulate: Freiheit und Un=
sterblichkeit, vielmehr den Monismus zur Vor=
aussetzung haben, da nur ein ursprüngliches Wesen
aus einem Gusse, nicht aber ein Erdenkloß, dem
von außen eine Seele eingehaucht worden ist,
also ein Compositum, frei und unsterblich sein
kann.

Jedoch damit, daß wir die echte Naturwissen=
schaft als ungefährlich für die höhern, ideellen

---

*) Wagner nennt die Annahme mehrer Adams
„ein Resultat, das insbesondere den Sklavenhaltern als
das erwünschteste erscheinen muß“. („Menschenschöpfung
und Seelensubstanz“, S. 15.)

Interessen der Menschheit nachgewiesen haben, damit haben wir nicht sagen wollen, daß Alles, was sich in unserer Zeit für echte Naturwissenschaft ausgibt, echt sei. Wir haben vielmehr eine Richtung in derselben bezeichnet, mit welcher die religiösen und moralischen Foderungen allerdings nicht zusammen bestehen können, nämlich die materialistische, ohne daß wir darum zum Wagner'schen Dualismus, als zu einem Gegengift, unsere Zuflucht hätten nehmen müssen.

Der Materialismus, der, alle Zweckursachen leugnend, die blos wirkenden stofflichen Ursachen zum Letzten, Alles Erklärenden macht, ist uns ebenso unwahr und ebenso wenig mit den religiös-sittlichen Interessen der Menschheit verträglich, wie der Wagner'sche Dualismus zwischen Materie und Geist. Ob der Mensch ganz und gar nur aus chemischen Atomen, oder ob er aus Leib und Seele zusammengesetzt sei, — Beides kommt im Grunde auf Eins hinaus; denn in beiden Fällen ist er nichts Einheitliches und Ursprüngliches, sondern ein Compositum, das in seine Bestandtheile einst wieder auseinander gehen muß, wie es einst aus diesen zusammengesetzt worden ist.

Diesen beiden falschen Richtungen, der materialistischen und dualistischen gegenüber, wird

man in vorliegender Schrift den wahren Standpunkt bezeichnet finden, von dem aus allein eine
ebenso den naturwissenschaftlichen Thatsachen, wie
den religiös = sittlichen Postulaten entsprechende
Weltanschauung möglich ist.

Berlin, 1855.

Der Verfasser.

Inhalt.

Der

Einfluß der Naturwissenschaft

auf

die geistigen Gebiete.

Der Einfluß der Naturwissenschaft auf das Leben ist unbestritten, wofern man unter Leben, wie gewöhnlich geschieht, die materielle Seite unserer irdischen Existenz versteht. Jeder Gebildete weiß, welche Fortschritte das Fabriken= und Maschinenwesen der Mechanik zu verdanken hat, wie durch Dampfmaschinen, Eisenbahnen und elektromagnetische Telegraphen der Verkehr befördert worden ist, welch mächtigen Einfluß die Chemie durch Erkenntniß der Urstoffe und ihrer Verbindungen auf die Industrie, den Bergbau und die Landwirthschaft gewonnen, endlich wie wirksam die physiologische Erkenntniß des Organismus zur Erweiterung und Verbesserung der Heilkunde beigetragen hat. Man braucht sich nur vorzustellen, wie ein Alter, der heutzutage aus seinem Grabe auferstünde, sich wundern würde, wenn er unter uns träte, unsere Technik, unsere Reisewege, unsern Transport zu Wasser und zu

1*

Lande, unsere Raum= und Zeitüberwindung durch Verkehrsbeschleunigung sähe, und man wird den Abstand der neuen von der alten Welt ermessen können, der durch die Riesenfortschritte der Naturwissenschaft in allen ihren Zweigen hervorgebracht worden.

Doch nicht so unbestritten, als der Einfluß au das materielle Leben, steht der Einfluß der Naturwissenschaft auf die geistigen Gebiete da. Er wird zwar nicht geleugnet, aber er wird für einen verderblichen und zerstörenden ausgegeben. Theologen haben sich beklagt, daß die moderne Naturwissenschaft die Religion und den Glauben untergrabe; Poeten haben sie beschuldigt, daß sie der Poesie nachtheilig sei, den poetischen Sinn vernichte; Moralisten schreiben ihr das Versinken unserer Zeit in Materialismus und Bestialismus zu; Philosophen legen ihr die Abwendung der Menschheit von der Metaphysik zur Last.

Solche harte Anklagen und Beschwerden sind wol Veranlassung genug, einmal näher den Einfluß der Naturwissenschaft auf die geistigen, ideellen Lebensgebiete in Augenschein zu nehmen, einmal zu fragen, ob und inwieweit die Fortschritte der Naturwissenschaft mit den Foderungen der Poesie, Moral, Religion und Philosophie vereinbar seien.

Will man wissen, ob zwei Begriffe miteinander

vereinbar sind oder einander widerstreiten, so hat
man vor allen Dingen den Inhalt, d. h. die
wesentlichen Merkmale der Begriffe zu untersuchen
und miteinander zu vergleichen. Solche Begriffs-
verbindungen, wie: hölzernes Eisen, rother Geist,
mitleidige Grausamkeit u. s. w. sind nur darum
widersinnig und leuchten auf den ersten Anblick als
widersinnig ein, weil der Inhalt, die wesentlichen
Merkmale der verbundenen Begriffe, ein wider-
sprechender ist.

Wie aber mit Begriffen, ebenso verhält es sich
mit ganzen Sphären, mit ganzen Wissenschaften
oder Lebensgebieten, wenn es sich um die Frage
handelt, ob dieselben miteinander vereinbar seien,
oder einander ausschließen, einander widersprechen.
Man muß, um sich hierüber klar zu werden, vor
allen Dingen den wesentlichen Inhalt eines jeden
der zu vergleichenden Gebiete abgesondert betrachten
und dann zusehen, ob sie zueinander stimmen. Wer
weder die naturwissenschaftliche Weltanschauung genau
kennt, noch auch die der Poesie, Moral, Religion
und Philosophie, — wie will der ein richtiges,
gründliches Urtheil darüber gewinnen, ob die erstere
mit den letztern verträglich sei oder nicht? Der
Streit über den Einfluß der Naturwissenschaft auf
die geistigen Gebiete, auf Poesie, Religion, Moral

und Philosophie, ist unsers Erachtens nur daraus entstanden, daß man weder über die Grenzen der Naturwissenschaft, noch über die wesentlichen Foderungen der genannten geistigen Gebiete übereinstimmende Ansichten hatte. Es läßt sich allerdings nicht leugnen, daß, wenn man die Grenzen der Naturwissenschaft, wie einige moderne Naturforscher gethan, über die Gebühr ausdehnt, wenn man ihr erlaubt, über Dinge abzuurtheilen, die über ihr Gebiet hinaus liegen und die sie darum mit ihren Erkenntnißmitteln nicht erreichen kann, ein Conflict zwischen ihr und den Aussagen der Poesie, Moral, Religion und Philosophie entstehen muß. Andererseits läßt sich ebenso wenig verkennen, daß, wenn die letztgenannten Sphären ihre wahre Aufgabe misverstehen und sie in etwas Anderes setzen, als worin sie wirklich liegt, sie ihrerseits gegen die naturwissenschaftlichen Wahrheiten verstoßen müssen. Dagegen zweifeln wir auch nicht, daß, wenn man den Inhalt und Umfang der genannten Gebiete richtig erkennt, man zu der Ueberzeugung kommen muß, daß sie einander nicht nur nicht ausschließen und widersprechen, sondern sogar aufs beste und schönste miteinander harmoniren. Und zu dieser Ueberzeugung unser Scherflein beizutragen wollen wir im Folgenden versuchen.

Die Naturwissenschaft läßt sich mit den genannten, geistigen Gebieten ebenso nach ihrer subjectiven, als nach ihrer objectiven Seite, d. h. ebenso in Hinsicht des in ihr thätigen Erkenntnißorgans, als in Hinsicht des Gegenstandes, der damit erkannt wird, vergleichen, und wir werden daher auf Beides Rücksicht nehmen.

Zu ihrem Object hat die Naturwissenschaft — wir sprechen hier ausdrücklich von ihr als einem Ganzen, nicht von den einzelnen naturwissenschaftlichen Disciplinen, die sich auf besondere Kreise der Natur beziehen — also zu ihrem Object hat die Naturwissenschaft die Naturordnung, den gesetzmäßigen Zusammenhang der Naturreiche oder den Kosmos, wie es Alexander von Humboldt nennt. Um daher mit Recht behaupten zu können, daß die Naturwissenschaft der Poesie, Religion, Moral und Philosophie nachtheilig sei, müßte man erst beweisen, daß die durch die letztern geforderte Weltanschauung mit der durch die erstere erkannten nicht zusammen bestehen könne. Dies wird sich aber schwerlich beweisen lassen.

Nur, wenn man bestimmte, geschichtliche Formen der Poesie, Religion, Moral und Philosophie, die selbst nur bei noch mangelhafter Naturerkenntniß entstehen konnten, für das Wesen derselben hält, wenn man z. B. in der Poesie Mythen, in der Religion Wunderglauben, in der Moral Aussicht auf künftige Wiedervergeltung in Himmel und Hölle, in der Philosophie apriorische Welt-construction für wesentlich ansieht, — dann freilich hat es seine Richtigkeit, daß die moderne Naturwissenschaft der Poesie, Religion, Moral und Philosophie gefährlich sei; denn sie läßt keine Mythen, keinen Wunderglauben, keinen Himmel und keine Hölle, keine hohlen Speculationen aufkommen.

Aber jene historischen Formen der Poesie, Religion, Moral und Philosophie sind keineswegs identisch mit dem Wesen derselben. Poesie kann bestehen auch ohne Mythologie, Religion auch ohne Aberglauben, Moral auch ohne Hoffnung auf künftigen Lohn und Furcht vor künftiger Strafe, Philosophie auch ohne apriorische Constructionen. Mit falschen, geschichtlichen Formen einer Gattung hört nicht das Wesen derselben auf.

Mit weit größerm Rechte, als man der Naturwissenschaft vorwirft, sie untergrabe die Poesie, Religion, Moral und Philosophie, könnte man den falschen geschichtlichen Formen dieser Gebiete vorwerfen, daß sie lange Zeit das Aufkommen der echten, wahren Naturerkenntniß gehindert haben.

Solange man z. B. die Sterne als Götter an=
betete, wie konnte da astronomische Betrachtung der
Himmelskörper aufkommen. Die Bewegungen der
Götter lassen sich nicht mathematisch berechnen und,
wie Sonnen= und Mondfinsternisse, vorausverkün=
digen. Ein Kopernicus, Kepler, Newton konnten
erst dann auftreten, als die alte Götterwelt bereits
vom Throne gestürzt war. Ein Franklin konnte
den Blitzableiter erst erfinden, als keine religiöse
Scheu mehr vor Donner und Blitz als vor Kund=
gebungen eines erzürnten Gottes stattfand; denn
drohende Willensäußerungen der Götter sucht man
durch Gebete und Opfer abzuwenden, zerstörende
Naturgewalten hingegen durch andere Naturgewalten
abzuleiten.

Nicht blos nicht die richtige Erkenntniß, sondern
auch nicht die richtige praktische Behandlung und
Benutzung der Natur konnte aufkommen, solange
als der Aberglaube noch eine welthistorische Macht
war. Hatten doch nicht blos im Mittelalter, son=
dern selbst noch in der neuern Zeit alle großen
Entdecker und Erfinder Kämpfe mit der auf die
Autorität der Bibel sich berufenden Naturanschauung
zu bestehen, und nur langsam konnte das Licht der
Naturwissenschaft in die gläubige Menge eindringen.

Mit der Geschichtswissenschaft ist es ebenso be=

wandt. Auch diese konnte erst eine andere, wahrere werden, als die Heroen der Geschichte, die welthistorischen Individuen, die großen Staatsgründer, Gesetzgeber, Religionsstifter u. s. w. nicht mehr mit abergläubischen Augen als übernatürliche Göttersöhne angesehen wurden. Ja, nicht blos die Geschichtswissenschaft, sondern auch der praktische Fortschritt in der Geschichte hing davon ab, daß die für übernatürliche Offenbarungen gehaltenen Lehren und Anordnungen der welthistorischen Individuen auf ihren wahren, natürlich menschlichen Ursprung zurückgeführt wurden, wo man dann erkannte, daß sie zeitlich zwar nothwendig, für dasjenige Volk und diejenige Periode der Entwickelung, in denen sie entstanden, berechtigt und heilsam waren, daß sie aber für eine spätere, fortgeschrittene Zeit, für eine auf höherer Stufe angelangte Cultur keine Verbindlichkeit mehr haben können. Solange dieses Bewußtsein noch nicht erwacht war, solange noch blinder Autoritätsglaube die Menschheit beherrschte, so lange konnte weder wahre Geschichtswissenschaft, noch wirklicher Fortschritt in der Geschichte aufkommen; denn, wo zeitliche, menschliche Offenbarungen und Anordnungen für ewige, göttliche angesehen werden, wo jedes Volk seine Religion und Gesetzgebung für die allein wahre, weil durch

übernatürliche, göttliche Offenbarung gegebene, an=
sieht, wie soll da wahre Geschichtswissenschaft und
praktischer Fortschritt in der Geschichte möglich sein?
Muß da nicht der Jude ewig Jude und der Mo=
hammedaner ewig Mohammedaner bleiben? —

Nach diesen allgemeinen einleitenden Worten
gehen wir nun zur Betrachtung des Einflusses der
Naturwissenschaft auf die genannten geistigen Ge=
biete im Besondern über.

I.

Einfluß der Naturwissenschaft

auf

die Poesie.

Es kann der Naturwissenschaft nicht zum Vorwurf gereichen, wenn sie einigen Stoff vernichtet, welcher bisher von den Dichtern benutzt wurde. Wenn unsere Dichterwelt noch nicht vollen Ersatz erhielt für dergleichen Verluste, so würden die Klagen darüber doch schlecht überlegt sein; denn die Hauptsache bleibt doch, daß unser geistiges Dasein durch die Einsicht, welche Irrthümer vernichtet, erhöht und veredelt wird; alle solche Verluste werden übrigens für den wahren Dichter nicht viel zu bedeuten haben, aber können freilich peinlich sein für die nicht wenigen Pfleger der Dichtkunst, welche meinen, einen an sich unbedeutenden Gedanken dadurch poetisch gemacht zu haben, daß sie ihn in Prachtstücke aus der poetischen Rüstkammer einer verschwundenen Zeit einkleiden.

Oersted.

Niemand wird leugnen, daß die poetische Auf=
fassung und Darstellung der Natur wesentlich darin
besteht, daß sie uns das Schöne, Erhabene und
Wunderbare der Natur auf eine concrete, an=
schauliche Weise zum Bewußtsein bringt. Da nun
aber das wahrhaft Schöne, Erhabene und Wunder=
bare der Natur vorher erkannt sein muß, ehe es
poetisch geschildert werden kann, so leuchtet ein,
welche Dienste die fortschreitende Naturwissenschaft
der Poesie leistet.

Nach Schiller's „Göttern Griechenlands“ könnte
es zwar scheinen, daß die mythologische Natur=
anschauung poetischer sei als die mit der Natur=
wissenschaft übereinstimmende. Denn er klagt ja
darüber, daß die „schönen Wesen aus dem Fabel=
land“ nicht mehr die Welt regieren, er vermißt in
der „entgötterten Natur“ die „Lebensfülle“, den
„höhern Adel“ der alten, von Göttern beseelten.

Er sieht „von jenem lebenswarmen Bilde" kaum noch einen „Schatten". Traurig sucht er an dem Sternenbogen Selenen und findet sie nicht mehr; durch die Wälder ruft er, durch die Wogen: „ach! sie widerhallen leer!"

> Gleich dem todten Schlag der Pendeluhr,
> Dient sie knechtisch dem Gesetz der Schwere
> Die entgötterte Natur!

Liest man aber Schiller's Gedicht aufmerksam durch und fragt sich alsdann, warum er die my=thologische Weltanschauung schöner, poetischer findet als die naturwissenschaftliche, so läuft wesentlich Alles darauf hinaus, daß in jener die Natur belebt, beseelt, auf jedem Tritt und Schritt eines Gottes Spur verrathend, voll Heiterkeit und Grazie sei, in dieser hingegen entseelt, entgöttert, monoton, voll finstern Ernstes und traurigen Entsagens, ausge=storben.

Dies ist nun, wir wollen es nicht leugnen, in gewisser Hinsicht wahr, in anderer ebenso unwahr. Der Schiller'sche Grundgedanke, daß eine belebte, be=seelte, vielfarbige Natur schöner und poetischer sei als eine todte, ausgestorbene, einförmige, ist im Allgemeinen anzuerkennen. Aber folgt daraus schon, daß die alte mythologische Naturanschauung schöner und poetischer sei als die moderne wissenschaftliche?

Gibt es denn kein anderes Leben, keine andere Beseeltheit, als die durch Götter und Halbgötter? Ist die Natur darum schon todt und ausgestorben, weil jetzt ein „Feuerball sich dreht“, wo einst „Helios in stiller Majestät seinen goldenen Wagen lenkte“, weil die Höhen nicht mehr von Oreaden erfüllt sind, in den Bäumen keine Dryaden mehr leben, und „der Ströme Silberschaum“ nicht mehr aus den „Urnen lieblicher Najaden“ hervorspringt? Ist ferner die Natur darum einförmig und monoton, weil ihre Gesetze unveränderlich sind, weil

> Morgen wieder neu sich zu entbinden,
> Wühlt sie heute sich ihr eignes Grab,
> Und an ewig gleicher Spindel winden
> Sich von selbst die Monde auf und ab —?

Ist endlich die Natur darum finster und traurig, weil die heitern lebenslustigen Götter der Hellenen sie verlassen haben? weil sie

> Müßig kehrten zu dem Dichterlande
> Heim die Götter, unnütz einer Welt,
> Die, entwachsen ihrem Gängelbande,
> Sich durch eignes Schweben hält —?

Ja, gäbe es nur diese eine Art von Belebtheit, Beseeltheit, Mannichfaltigkeit und Heiterkeit, welche die griechische Mythologie in die Natur hineingeschaut, und außer dieser keine; - wäre Alles todt, was nicht von Göttern bewohnt und gegängelt wird, was eigenen, innern Gesetzen und Kräften folgt; schlösse die Einheit und Unwandelbarkeit der Natur= gesetze und Gattungen die Mannichfaltigkeit und Ver= änderlichkeit der unter ihnen stehenden Erscheinun= gen aus; gehörte endlich zur Heiterkeit nothwendig Regellosigkeit und Willkür, — dann, ja dann hätte Schiller Recht, den Verlust der alten Fabel= welt zu beklagen und die moderne Naturanschauung für unpoetisch zu erklären. Aber die Natur ist weder todt und unbeseelt, noch monoton, noch fin= ster und traurig durch die moderne Naturwissen= schaft geworden. Die Ansicht von der Belebtheit, Mannichfaltigkeit und Heiterkeit der Natur hat nur gewechselt, aber nicht sind diese Eigenschaften durch die Wissenschaften vom Kosmos aus ihr hinausge= wiesen worden. Und fragt man genauer nach, welche Art von Naturleben poetischer sei, die alte mythologische oder die neue kosmologische, so läßt sich leicht beweisen, daß die letztere auch in poeti= scher Hinsicht den Vorzug verdiene.

Poetisch ist jedes ursprüngliche, eigene Leben, das sich auf eine charakteristische Weise ausdrückt, das schön oder erhaben in die Erscheinung tritt, das uns eine Platonische Idee, ein Ewiges, Allge=

meines, zum Bewußtsein bringt. In diesem Sinne ist die Natur durchaus poetisch. Sie offenbart uns überall, am Himmel und auf Erden, eigenes, inneres, urkräftiges Leben, sie bietet uns charakteristische, schöne und erhabene Erscheinungen dar, sie bringt ewige Ideen und Gesetze zur Anschauung. Und nicht nur in ihren einzelnen Reichen, in Mineral-, Pflanzen- und Thierreich, in deren eigenthümlicher Entstehungs-, Bildungs- und Wirkungsweise, sondern auch in dem Ensemble ihrer Gattungen, in dem Streben und Gegenstreben der Elemente und Kräfte, in dem sich Suchen und Fliehen, Trennen und Verbinden, der Liebe und dem Haß (wie es ein alter griechischer Philosoph nennt), die durch die ganze Natur gehen, drückt sich das poetische Leben der Natur aus.

Wenn man die unorganische Natur als tot von der organischen als lebendigen unterscheidet, so beruht das nur auf einer zu engen Fassung des Begriffs des Lebens, indem man eine besondere Art des Lebens, die organische, zum Wesen alles Lebens macht. Im weitern Sinne, wo Leben soviel bedeutet als: aus sich wirken, eigene innere Kräfte äußern, ist die ganze Natur, sowol die unorganische als die organische, lebendig. Schon

Aristoteles betrachtete die Natur als in diesem Sinne lebendig, indem er sagte: „Was von Natur ist, hat den Anfang der Bewegung und Ruhe in sich."

Dieses allgemeine Leben der Natur, das sie zu einem Gegenstande der Poesie macht, lehrt uns aber erst die moderne Wissenschaft vom Kosmos recht kennen. Sie zeigt uns überall die Naturkörper von innen heraus bewegt, wenn auch die veranlassenden Ursachen dieser Bewegung in verschiedenen Naturreichen verschiedene sind. Es ist ein falsches Vorurtheil, wenn man nur den Thieren und Menschen Selbstbewegung zuschreibt, allenfalls auch noch den Pflanzen, hingegen die unorganischen Körper für rein von außen bewegte hält. Aus diesem Vorurtheil entsprang es eben, daß man nur die organische Natur für lebendig und beseelt, die unorganische für todt erklärte. Dieses durch die tiefere Naturwissenschaft und Naturphilosophie widerlegte Vorurtheil findet sich zu unserm Erstaunen sogar noch in einem Werke eines berühmten neuern Naturforschers und Naturphilosophen, nämlich in Link's bekannten „Propyläen der Naturkunde" (I, 126), wo wörtlich zu lesen ist: „Die Mechanik betrachtet die Körper in ihrer Aeußerlichkeit, sofern nämlich ihre Bewegungen von außen oder durch andere Körper bestimmt werden. Die Physiologie hingegen betrachtet sie auf eine entgegengesetzte Weise, sofern nämlich ihre Bewegungen nur von innen oder durch einen innern Grund bestimmt werden." Da derselbe Naturforscher hinzufügt: „Bewegung, sofern sie durch einen innern Grund bestimmt wird, heißt Leben" (S. 157), so muß er also consequenterweise der unorganischen Natur das Leben absprechen. In Wahrheit aber gibt es weder nur von außen, noch auch nur von innen bewegte Körper, sondern Alles in der Natur, vom Stein bis herauf zum Menschen, ist ebenso wol von innen als von außen bewegt. Der zur Erde fallende Stein ist keineswegs blos von außen zur Erde gezogen, sondern er strebt selbst zu ihr hin, und der sich seiner Freiheit rühmende Mensch bestimmt sich keineswegs blos von innen heraus, sondern wird durch Motive aus der Außenwelt bestimmt. Alles in der Natur ist ein sich selbst Bewegendes und zugleich durch Anderes bewegt, indem die innere Selbstbewegung durch äußere Ursachen veranlaßt wird.

Die den eigenen Willen, die eigene innewohnende Kraft jedes Naturwesens in Bewegung setzende Ursache ist bei verschiedenen Körpern verschieden, aber sie fehlt bei keinem. Jeder bewegt sich also ebenso wol frei als mit Nothwendigkeit. Deshalb konnte Spinoza mit Recht sagen: Der Stein, wenn er Bewußtsein hätte, würde glauben, freiwillig zu fliegen. Aber mit gleichem Rechte kann man auch sagen: Der Mensch, wenn er richtiges Bewußtsein von sich hätte, würde erkennen, nothwendig zu handeln und nothwendig so zu handeln, wie er handelt. *)

Die verschiedenen Ursachen, welche das innere Wesen der Naturkörper in Bewegung setzen, d. h. das eigene Streben, den innewohnenden Willen derselben zur Thätigkeit veranlassen, lassen sich auf drei Classen zurückführen, auf mechanische Ursachen, auf Reize und auf Motive. Die erstern herrschen in der unorganischen Natur, die zweiten im vegetativen Gebiete (wozu auch der vegetative Theil des thierischen Körpers gehört), die dritten im animalischen Reiche. (Näheres über diese drei Classen von Ursachen ist zu finden in der Schrift „Ueber den Willen in der Natur“ von Arthur Schopenhauer, 2. Aufl., S. 77 fg.)

---

*) „Die menschliche Freiheit, deren Alle sich rühmen“, sagt Spinoza, „besteht allein darin, daß die Menschen sich ihres Willens bewußt und der Ursachen, von denen sie bestimmt werden, unbewußt sind.“ (62. Brief.)

Ist es aber bewiesen, daß Alles in der Natur ein eigenes, inneres Leben offenbart, daß die rollende Kugel, obwol von außen gestoßen, ebenso einem inwohnenden Triebe folgt, wie andererseits der freihandelnde Mensch, obwol selbständig seinem Willen folgend, doch zu jeder Handlung durch Motive bestimmt wird, so ist eben damit das stufenweise Leben der ganzen Natur bewiesen, und von einem „seelenlosen Feuerball", der jetzt sich dreht, wo ehemals Helios seinen goldenen Wagen in stiller Majestät lenkte, kann mit Schiller in den „Göttern Griechenlands" nicht mehr die Rede sein; denn die Gravitationskraft ist, wie überhaupt jede Kraft, nichts Seelenloses. Centripetal- und Centrifugalkraft sind lebendige Kräfte, die dadurch, daß sie nach gewissen mathematisch bestimmbaren Gesetzen wirken, wahrlich ihr Leben nicht verlieren. Es ist ein falsches Vorurtheil, daß Alles, was sich mathematisch berechnen läßt, todt sei. Richtiger ist nach unserer Ansicht die Erkenntniß, daß sogar in den scheinbar freiesten Regionen noch mathematische Gesetze obwalten, wenn auch dieselben nicht so leicht zu finden sind, wie in der Mechanik des Himmels. Bei jeder Ueberlegung, die der frei sich entschließende Mensch anstellt, hängt der Entschluß, den er ergreift, von der Zahl und Stärke der Motive ab.

Ein Motiv mehr oder ſtärker hätte oft ſchon einen ganz andern Entſchluß zuwege gebracht. Ein Ver= brecher, der noch mit ſich kämpft, ob er ein gewiſſes Verbrechen begehen ſoll, kämpft nur ſo lange, als ſich Motive und Gegenmotive noch die Wage hal= ten. Kommt zu den Motiven für die That ein neues hinzu, oder verſtärkt ſich das Gewicht der bereits vorhandenen, ſo wird das Reſultat ein ganz anderes als im entgegengeſetzten Falle. Ueberall aber, wo ſolche Verhältniſſe wirken, wo Zahl, Stärke, Gewicht eine Rolle ſpielen, da iſt ſchon Feld für die Mathematik, und Kant hat daher ganz Recht, wenn er ſagt: „Man kann einräumen, daß, wenn es für uns möglich wäre, in eines Menſchen Denkungs= art, ſowie ſie ſich durch innere ſowol als äußere Handlungen zeigt, ſo tiefe Einſicht zu haben, daß jede, auch die minbeſte Triebfeder uns dazu bekannt würde, ingleichen alle auf dieſe wirkende äußere Ver= anlaſſungen, man eines Menſchen Verhalten auf die Zukunft mit Gewißheit, ſowie eine Mond= oder Son= nenfinſterniß, ausrechnen könnte, und dennoch dabei behaupten, daß der Menſch frei ſei.“ („Kritik der praktiſchen Vernunft“, in der Ausgabe von Roſen= kranz, S. 230.)

Die ſtrenge Geſetzmäßigkeit, die durch die ganze Natur geht, iſt nur Ausdruck ihres eigenen, innern Lebens, ist nur die auf verschiedenen Stufen verschiedene Art, wie sich ihre inwohnenden Kräfte äußern, wie die sie belebende Seele sich offenbart, und es ist daher falsch, auf einer Verkennung des innern Lebens der Natur beruhend, wenn Schiller klagt:

> Gleich dem todten Schlag der Pendeluhr
> Dient sie knechtisch dem Gesetz der Schwere
> Die entgötterte Natur!

Die „entgötterte Natur" ist, wie gezeigt, weder todt, noch dient sie knechtisch dem Gesetz der Schwere, denn die Schwere, obwol in mathematisch berechen= baren Zahlenverhältnissen wirkend, ist kein der Ma= terie fremdes, äußeres, sie zwingendes, sondern ihr eigenstes, innerstes Wesen; die Materie folgt in der Schwere nicht dem despotischen Gebote eines frem= den Herrn, sondern ihrem eigenen Willen, ihrem inwohnenden Triebe.

Daß auch den scheinbar todtesten Dingen ein Wille, also inneres Leben zukommt, lehrt schon der Sprachgebrauch, und auch hier zeigt sich wie= der, welche tiefe Weisheit in der Sprache wurzelt. Jedermann sagt ohne Bedenken: das Feuer will nicht brennen, der Stuhl will nicht stehen, das Wasser will überlaufen u. s. w., und damit drückt er unbewußt eine der tiefsten Wahrheiten der Philosophie, die innere Verwandtschaft aller Wesen, aus. Es ist keineswegs Anthropomorphismus, daß der Sprachgebrauch in todte Dinge einen Willen hineinträgt, sie sich belebt und beseelt denkt; denn man ist sich, indem man sagt: der Stuhl will nicht stehen, sehr wohl bewußt, daß man dem Stuhle keine menschliche Seele zuschreibt; sondern es ist das Gefühl der jedes Ding beseelenden innern Kraft, wodurch es ein uns selbst verwandtes Wesen wird, was so sprechen lehrt.

Was kann aber wol poetischer sein, als dieses Gefühl der innern Verwandtschaft aller Wesen, und wie sollte also die moderne Naturwissenschaft, da sie dieses Gefühl anregt, da sie die Verwandtschaft und den innern Zusammenhang aller Naturwesen zum Bewußtsein bringt, der Poesie feindlich und zuwider sein?

Richtiger, als Schiller, erkannte Goethe das Poetische der modernen, naturwissenschaftlichen Weltanschauung, welche der Natur eigenes, inneres, ursprüngliches Leben erkennt. Daher klagt er nicht sowol, wie Schiller:

Einen zu bereichern unter Allen
Mußte diese Götterwelt vergeh'n,

sondern er fand nur dieses unpoetisch, daß man diesen Einen sich als einen von außen stoßenden Gott vorstelle:

> Was wär' ein Gott, der nur von außen stieße,
> Im Kreis das All am Finger laufen ließe!
> Ihm ziemt's, die Welt im Innern zu bewegen,
> Natur in sich, sich in Natur zu hegen,
> Sodaß, was in ihm lebt und webt und ist,
> Nie seine Kraft, nie seinen Geist vermißt.*)

Goethe schilderte selbst das eigene, innere Leben der Natur auf eine poetische Weise. Die Naturprocesse des Wassers, Feuers, der Luft, der Wolkenbildung u. s. w. boten ihm hierzu willkommenen Stoff. Man lese nur die Verse zu „Howard's Ehrengedächtniß" und die unter der Ueberschrift: „Gott, Gemüth und Welt", und man wird sich überzeugen, daß die Naturwissenschaft sehr wohl mit der Poesie verträglich ist, daß man keineswegs mythologische Wesen aus dem Fabellande braucht, um die Natur poetisch schön zu schildern.

> Da, wo das Wasser sich entzweit,
> Wird zuerst Lebendig's befreit.

---

*) Siehe „Sprüche in Reimen", unter: „Gott, Gemüth und Welt."

Und wird das Wasser sich entfalten,
Sogleich wird sich's lebendig gestalten;
Da wälzen sich Thiere, sie trocknen zum Flor,
Und Pflanzengezweige, sie bringen hervor.

Durchsichtig erscheint die Luft so rein
Und trägt im Busen Stahl und Stein.
Entzündet werden sie sich begegnen;
Da wird's Metall und Steine regnen.

Denn was das Feuer lebendig erfaßt,
Bleibt nicht mehr Unform und Erdenlast.
Verflüchtigt wird es und unsichtbar,
Eilt hinauf, wo erst sein Anfang war.

Und so kommt wieder zur Erde hinab,
Dem die Erde den Ursprung gab,
Gleicherweise sind wir auch gezüchtigt,
Einmal gefestet, einmal verflüchtigt.

Ueberall, wo sich Gelegenheit darbietet, die von uns
oben berührte Verwandtschaft der Naturwesen und
Kräfte mit dem Innern des Menschen darzulegen,
ergreift sie Goethe:

„Was will die Nadel nach Norden gekehrt?“
Sich selbst zu finden, es ist ihr verwehrt.

Die endliche Ruhe wird nur verspürt,
Sobald der Pol den Pol berührt.

Drum danket Gott, ihr Söhne der Zeit,
Daß er die Pole für ewig entzweit.

Magnetes Geheimniß, erkläre mir das!
Kein größer Geheimniß, als Lieb' und Haß.

Wirst Du Deines Gleichen kennen lernen,
So wirst Du Dich gleich wieder entfernen.

Warum tanzen Bübchen mit Mädchen so gern?
Ungleich dem Gleichen bleibet nicht fern ꝛc.

Welche Poesie Goethe in den chemischen Wahlver=
wandtschaften fand, ist bekannt. Auch hier spie=
gelte ihm die Natur das Menschenleben ab, oder
vielmehr fand er im Menschenleben die Naturpro=
cesse und Gesetze wieder, — ein Beweis, daß die
Naturgesetzmäßigkeit nicht unpoetisch ist, daß folglich
die naturwissenschaftliche Erkenntniß derselben die
poetische Anschauung nicht hindert, sondern vielmehr
befördert.

Schon die gleiche Wirkung, welche Naturwissen=
schaft und echte Poesie auf das menschliche Gemüth
ausüben, beweist die innere Verwandtschaft beider.
Poesie veredelt das Gemüth, erheitert und lindert,
stärkt und erfrischt. Dasselbe sagt Alexander von
Humboldt von der durch die Naturwissenschaft er=
langten „Einsicht in den Zusammenhang der Er=
scheinungen" aus. Diese veredelt den Naturgenuß,
und der veredelte Naturgenuß wirkt wie die Poesie.
Was den offenen kindlichen Sinn beim Eintritt in
die freie Natur erregt, „das dunkle Gefühl des Ein=

klanges, welcher in dem ewigen Wechsel ihres stillen
Treibens herrscht", das bringt die naturwissenschaft=
liche Bildung zum klaren Bewußtsein und stört da=
durch das Gefühl nicht, sondern verstärkt es noch
und veredelt es. „Ich kann", sagt Alexander von
Humboldt mit Recht, „der Besorgniß nicht Raum
geben, zu welcher Beschränkung oder eine gewisse
sentimentale Trübheit des Gemüths zu leiten schei=
nen, der Besorgniß, daß bei jedem Forschen in
das innere Wesen der Kräfte, die Natur von ihrem
Zauber, von dem Reize des Geheimnißvollen und
Erhabenen verliere..... Dem Physiker, welcher
(wie Thomas Young, Arago und Fresnel) die un=
gleich langen Ströme der durch Interferenz sich
vernichtenden oder verstärkenden Lichtwellen mißt;
dem Astronomen, der mittels der raumdurchdringen=
den Kraft der Fernröhre nach dem Monde des Ura=
nus am äußersten Rande unsers Sonnensystems
forscht, oder (wie Herschel, South und Struve)
aufglimmende Lichtpunkte in farbige Doppelsterne
zerlegt; dem eingeweihten Blick des Botanikers,
welcher die Chara=artig kreisende Bewegung der
Saftkügelchen in fast allen vegetabilischen Zellen,
die Einheit der Gestaltung, das ist die Verkettung
der Formen, in Geschlechtern und natürlichen Fa=
milien, erkennt, gewähren die Himmelsräume wie

die blütenreiche Pflanzendecke der Erde gewiß einen großartigern Anblick, als dem Beobachter, dessen Natursinn noch nicht durch die Einsicht in den Zusammenhang der Erscheinungen geschärft ist. Wir können daher dem geistreichen Burke nicht beipflichten, wenn er behauptet, daß «aus der Unwissenheit von den Dingen der Natur allein die Bewunderung und das Gefühl des Erhabenen entstehe»." („Kosmos", I, 19 fg.)

Diejenigen, welche mathematische Naturanschauung für unverträglich mit Poesie halten, wissen oder bedenken nicht, daß das Erhabene, so gut wie das Schöne, Gegenstand der Poesie ist, und daß es ein mathematisch Erhabenes gibt, ein Erhabenes der Größe, das nur durch Mathematik erkannt wird, wie die neuere Astronomie zur Genüge beweist. Wie schrumpft doch das Universum zusammen, wenn Sonne, Mond und das ganze Sternenheer nur nach dem rohen, ungebildeten Augenschein aufgefaßt, wenn die leuchtenden Gestirne an ein krystallenes Himmelsgewölbe angeheftet werden, und wie erweitert es sich dagegen, wenn uns die Astronomie lehrt, daß es Himmelskörper gibt, deren Licht, trotz der ungeheuern Schnelligkeit desselben (eine Stunde Weges sind für den Lichtstrahl 148 Millionen Meilen), Tausende von Jahren braucht,

um zu uns zu gelangen. Während in der Hesiodi-
schen Theogonie die Dimensionen des Weltalls durch
den Fall der Körper ausgedrückt werden („nicht
mehr als neun Tage und neun Nächte fällt der
eherne Ambos vom Himmel zur Erde herab"),
glaubte Herschel, der Vater, daß das Licht fast zwei
Millionen Jahre brauche, um von den fernsten Licht-
nebeln, die sein vierzigfüßiger Refractor erreichte, zu
uns zu gelangen. Vieles ist also längst verschwunden,
ehe es uns sichtbar wird; Vieles war anders geord-
net. („Kosmos", I, 161.) — Und wie die Welt
des unendlich Großen, so wird uns auch das Gebiet des unendlich Kleinen erst durch die rechnende
Naturwissenschaft erschlossen. Nach Ehrenberg enthält z. B. ein Kubikzoll des Polirschiefers von Bilin
40000 Millionen von kieselartigen Panzern der
Gallionetten. —

Zwar ruft Schiller den Astronomen zu:

Schwatzet mir nicht soviel von Nebelflecken und Sonnen!
   Ist die Natur nur groß, weil sie zu zählen euch gibt?
Euer Gegenstand ist der erhabenste freilich im Raume;
   Aber Freunde, im Raum wohnt das Erhabene
            nicht.

Und in Uebereinstimmung hiermit lehrt auch
Kant (in der „Kritik der Urtheilskraft", in dem Capitel vom Mathematisch-Erhabenen), „daß das Er-

habene nicht in den Dingen der Natur, sondern allein in unsern Ideen zu suchen sei". Es kann, bemerkt Kant mit Recht, nichts in der Natur gegeben werden, so groß als es auch von uns beurtheilt würde, was nicht, in einem andern Verhältnisse betrachtet, bis zum Unendlich-Kleinen abgewürbigt werden könnte, und umgekehrt, nichts so klein, was sich nicht in Vergleich mit noch kleinern Maßstäben für unsere Einbildungskraft bis zu einer Weltgröße erweitern ließe. Die Teleskope haben uns die erstere, die Mikroskope die letztere Bemerkung zu machen reichlichen Stoff an die Hand gegeben. „Nichts also, was Gegenstand der Sinne sein kann, ist, auf diesem Fuß betrachtet, erhaben zu nennen." Demgemäß erklärt Kant: „Erhaben ist, was auch nur denken zu können ein Vermögen des Gemüths beweist, das jeden Maßstab der Sinne übertrifft." Aber, wenn wir auch dieser Erklärung beistimmen müssen, wenn wir auch zugeben, daß das Erhabene nicht im Raume, sondern im Gemüthe des Menschen, nicht im Object, sondern im Subject wohnt, so bleibt es doch nichtsbestoweniger wahr, daß die Größe des Objects dazu erfodert wird, die erhabene Gemüthsstimmung des Subjects hervorzurufen. Insofern also die mathematische Naturwissenschaft uns das

Große der Natur kennen lehrt, bringt sie uns zugleich unsere eigene Erhabenheit zum Bewußtsein und dient somit auch der Poesie, welche das Erhabene des Subjects zu ihrem Gegenstande hat. Es wäre gar keine üble Aufgabe für einen Dichter, neben der praktischen Erhabenheit des menschlichen Geistes, die sich in der materiellen Bewältigung und Benutzung der Naturkräfte ausdrückt, auch einmal die theoretische Erhabenheit desselben zu besingen, von der besonders die Astronomie Zeugniß gibt. Dem rohen, wissenschaftlich ungebildeten, die Himmelskörper nach dem gemeinen Sinnenschein auffassenden und sie anthropomorphistisch vergötternden Menschen konnte diese Erhabenheit des menschlichen Geistes noch nicht zum Bewußtsein kommen.

Wie die Naturwissenschaft nicht das Erhabene vernichtet, sondern erst recht zum Bewußtsein bringt, so auch nicht das Wunderbare, und sie kann also auch von dieser Seite nicht als Feindin der Poesie angeklagt werden. Denn, soweit auch die naturwissenschaftliche Erklärung der Phänomene aus mechanischen, chemischen, physiologischen Gesetzen und Kräften gehen mag, diese Gesetze und Kräfte selbst bleiben doch zuletzt als ein Unerklärtes, Wunderbares stehen, als ein Geheimniß, das die Physik vergebens sich aufzulösen bemüht. Die Schwere,

das Licht, die Wärme, die Elektricität, die chemischen
Urstoffe und Kräfte, die organische Lebens= und
Zeugungskraft sind geheimnißvolle Wesen und Kräfte,
soweit wir es auch in der Erkenntniß der Gesetze,
nach denen sie wirken, und in der Classification der
Erscheinungen, die auf sie zurückzuführen sind, ge=
bracht haben.

Nicht die Bewunderung der Natur als solche
hat aufgehört, sondern nur ihr Gegenstand hat
gewechselt. Der Wilde verwundert sich über die
Erscheinungen der Natur, die er sich nicht er=
klären kann; wir hingegen, denen fast kein natür=
liches Phänomen mehr unerklärt ist, bewundern nicht
sowol die Erscheinungen, als vielmehr das Wesen
der Natur, das solche Erscheinungen hervorbringt.
Während beim rohen, uncultivirten Menschen Un=
wissenheit die Ursache seiner Verwunderung über
ganz natürliche Begebenheiten, wie z. B. über Don=
ner und Blitz, Sonnen= und Mondfinsternisse u. s. w.,
ist, so entspringt dagegen unsere Bewunderung der
Natur gerade aus dem Fortschritt der Wissenschaft,
und wir finden alle Erscheinungen, trotz ihrer na=
türlichen Erklärbarkeit, zuletzt doch wunderbar, weil
ihnen zuletzt geheimnißvolle Wesen und Kräfte zu=
grunde liegen, die nicht selbst wieder physikalisch

erklärt werden können. Wie wunderbar und ge=
heimnißvoll bleibt nicht die Harmonie der Sphären,
trotzdem wir die Gesetze der Gravitation, wie wun=
derbar nicht das chemische sich Suchen und Fliehen
der Stoffe, trotzdem wir ihre Verbindungsweise,
wie wunderbar nicht die Zeugung und das Wachs=
thum der Pflanzen und Thiere, trotzdem wir die
Perioden und die Bedingungen ihrer Metamorpho=
sen erkennen?

Insofern also das Wunderbare ein Ingredienz
der Poesie ist, wird dieses durch die Naturwissen=
schaft nicht aufgehoben, sondern vielmehr auf seinen
wahren Gegenstand bezogen, auf das innere Wesen
und die geheimnißvollen Kräfte der Natur. Man
wird auch nicht beweisen können, daß es poetischer
sei, vulkanische Eruptionen, Erd= und Meererschütte=
rungen, gewaltige Orkane u. dergl. durch mytholo=
gische Götter bewirkt sich vorzustellen, als sie aus
dem geheimnißvollen Walten der vulkanischen, nep=
tunischen und meteorischen Naturkräfte und Processe
abzuleiten. Das Wunderbare, insofern es nicht selbst
im Natürlichen eingeschlossen ist, sondern einen Gegen=
satz zu demselben bilden soll, dünkt uns nur dann
poetisch, wenn es, wie im Märchen, ausdrückliche
Absicht des Dichters ist, uns in eine Zauberwelt
einzuführen. Da hingegen, wo uns die wirkliche,

natürliche Welt poetisch geschildert werden soll, ist die Einmischung übernatürlicher Wesen höchst abgeschmackt. „Soweit", sagt Oersted mit Recht, „der Dichter als Mann der Jetztzeit spricht, muß er alle in die Dichtersprache aufgenommenen falschen Meinungen vermeiden. Die Naturwissenschaft kann offenbar dem Dichter nicht verbieten, die falschen Meinungen zu gebrauchen; aber sie kann ihm sagen, daß je mehr wahre naturwissenschaftliche Bildung sich verbreitet, desto mehr jene falschen Meinungen den Eindruck seines Werkes schwächen oder vernichten werden. Dies kann bisweilen dem Eindrucke schaden, den das ganze Werk hervorbringt. So wird die Erfindung in einem geistreichen Dichterwerke, daß ein böser Geist, der Salomon's Ring bekommen hat, Unwetter und wilde Zerstörung für die ganze Erde hervorbringt, ein gutes Wesen dagegen das Entgegengesetzte, seinen Eindruck auf Den ganz verfehlen, welcher die Naturgesetze kennt, weil die Unmöglichkeit ihm klar vor Augen steht. Allerdings duldet man in gewissen Gedichten die größten Unmöglichkeiten; aber sie müssen uns in eine Welt versetzen, wo wir das Natürliche ganz vergessen. Wird uns die Natur selbst recht nahe vor Augen gerückt, so muß jene Zauberei von selbst aufhören." („Die Naturwissenschaft in ihrem Verhältniß zur Dichtkunst

und Religion", von Hans Christian Oersted. Deutsch
von Kannegießer. S. 9 fg.)

Wenn große Dichter, wie Goethe in seinem „Faust",
Shakspeare im „Hamlet", „Macbeth", „Sturm",
„Sommernachtstraum", von dem Wunderbaren, Ueber=
natürlichen Gebrauch machen, so thun sie es ent=
weder zur Verkörperung und Personificirung ge=
wisser Ideen, wie im Mephistopheles der Geist der
Verneinung, der „stets das Böse will und stets das
Gute schafft", verkörpert ist; oder zur Veranschau=
lichung innerer Seelenzustände und Stimmungen,
wie im „Hamlet" und „Macbeth", wo die Geister
und Hexen vortrefflich zu dem Charakter und der
aufgeregten Stimmung der Helden passen; oder zur
heitern Verspottung der wunderlichen Ausgeburten der
Phantasie Verliebter und Verrückter, wie im „Som=
mernachtstraum", wo Theseus (Act 5, erste Scene)
über die abenteuerlichen Erzählungen der Liebenden
ausdrücklich bemerkt:

Mehr wundervoll, wie wahr.
Ich glaubte nie an diese Feenpossen
Und Fabelei'n. Verliebte und Verrückte
Sind Beide von so brausendem Gehirn,
So bildungsreicher Phantasie, die wahrnimmt,
Was nie die kühlere Vernunft begreift.
Wahnwitzige, Poeten und Verliebte
Bestehn aus Einbildung. Der Eine sieht

Mehr Teufel, als die weite Hölle faßt;
Der Tolle nämlich. Der Verliebte sieht,
Nicht minder irr', die Schönheit Helena's
Auf einer äthiopisch braunen Stirn.
Des Dichters Aug', in schönem Wahnsinn rollend,
Blitzt auf zum Himmel, blitzt zur Erd' hinab,
Und wie die schwangre Phantasie Gebilde
Von unbekannten Dingen ausgebiert,
Gestaltet sie des Dichters Kiel, benennt
Das luft'ge Nichts, und gibt ihm festen Wohnsitz.
So gaukelt die gewalt'ge Einbildung;
Empfindet sie nur irgendeine Freude,
Sie ahnet einen Bringer dieser Freude;
Und in der Nacht, wenn uns ein Graun befällt,
Wie leicht, daß man den Busch für einen Bären hält!

Tieck hat in seiner Abhandlung über Shak=
speare's Behandlung des Wunderbaren gezeigt, wel=
chen weisen Gebrauch der Dichter in seinen verschiede=
nen Stücken von der Geisterwelt zu machen verstehe,
wie das Wunderbare im „Macbeth" und „Hamlet"
dem Wunderbaren im „Sturm" und „Sommernachts=
traum" durchaus unähnlich sei. In den letztern
Stücken werden wir vom Dichter in einer bezau=
berten Welt festgehalten: wohin wir uns wenden,
tritt uns ein Wunder entgegen; Alles, was wir
anrühren, ist von einer fremdartigen Natur; jeder
Ton, der uns antwortet, erschallt aus einem über
natürlichen Wesen. Wir verlieren in einer unauf=

hörlichen Verwirrung den Maßstab, nach dem wir sonst die Wahrheit zu messen pflegen; eben, weil nichts Wirkliches unsere Aufmerksamkeit auf sich heftet, verlieren wir in der ununterbrochenen Beschäftigung unserer Phantasie die Erinnerung an die Wirklichkeit; der Faden ist hinter uns abgerissen, der uns durch das räthselhafte Labyrinth leitete, und wir geben uns am Ende völlig dem Unbegreiflichen preis. Das Wunderbare wird uns jetzt gewöhnlich und natürlich: weil wir von der wirklichen Welt gänzlich abgeschnitten sind, so verliert sich unser Mistrauen gegen die frembartigen Wesen, und nur erst beim Erwachen werden wir überzeugt, daß sie Täuschung waren. Alles was die Phantasie im Traume beobachtet, hat Shakspeare im „Sturm‟ durchgeführt. Die vorzüglichste Täuschung entsteht dadurch, daß wir uns durch das ganze Stück nicht wieder aus der wundervollen Welt verlieren, in welche wir einmal hineingeführt sind, daß kein Umstand den Bedingungen widerspricht, unter welchen wir uns einmal der Illusion überlassen haben. Dagegen verfährt Shakspeare in der Tragödie ganz umgekehrt. Die Geisterwelt ist hier der wirklichen ganz untergeordnet, der Dichter läßt sie nicht als Hauptzweck hervortreten; sie wahrscheinlich zu machen, sind ihr nicht die übrigen Theile

des Stücks untergeordnet, sondern Leidenschaften
und Begebenheiten unserer Welt ziehen die Aufmerksamkeit des Zuschauers auf sich; — die wunderbare dient ihm nur dazu, das Furchtbare zu
verstärken, uns noch tiefer zu erschüttern. Die Geister der Tragödie treten nur auf, um die tragische
Wirkung auf das Höchste zu bringen. — „Der dra-
matische Dichter", bemerkt Tieck, auf die Kunst hin-
weisend, die Shakspeare fast immer anwendet, um
seine übernatürlichen Wesen vorzubereiten, „muß sich
überhaupt hüten, das Schreckliche nicht ohne alle
Vorbereitung eintreten zu lassen, und es überhaupt
nicht zu seltsam, zu räthselhaft zu machen, sodaß
es zu sehr allen unsern Begriffen widerspricht;
denn sonst fällt es leicht ins Abgeschmackte und
Kindische."

Mögen also immerhin die Dichter fortfahren,
das Wunderbare und Uebernatürliche in ihren Werken anzuwenden, aber einen andern Gebrauch als
den bezeichneten, worin ihnen Goethe und Shakspeare als Muster vorleuchten, dürfen sie davon
nicht machen, wenn sie nicht mit unserer durch Naturwissenschaft geläuterten Weltanschauung in Conflict kommen wollen. Uns interessirt in Epopöen
und Dramen zumeist der natürliche Verlauf der
Sache. Wir wollen die Leidenschaften der Men-

schen, ihre Handlungen und Kämpfe als eine natürliche Folge ihres Charakters kennen lernen; der
Dichter soll uns die innern Motive aller Vorgänge aufdecken. Die Homerische Einmischung der
Götter in die Entschlüsse der Menschen, der zufolge
die Helden nicht aus eigenem Antriebe, sondern auf
Eingebung eines Gottes oder einer Göttin so oder
so handeln, ferner die Lösung des Knotens der Tra-
gödien durch einen Deus ex machina, kann nach
unserer Weltanschauung nicht mehr so poetisch erscheinen als die natürliche Entwickelung. Schon
Aristoteles foderte in seiner „Poetik" (Cap. 15), daß
der Dichter in den Charakteren immer ebenso, wie
in der Zusammenstellung der Begebenheiten, entweder das Nothwendige oder das Wahr-
scheinliche suche. Auch verlangte er, daß die
Lösung der Mythen sich aus dem Mythus selbst
ergebe und nicht, wie in der „Medea", durch die
Maschine.

Ein deutscher Aesthetiker des vorigen Jahrhunderts, Christian Garve, behauptet geradezu, „daß
es ein größeres Genie erfodere, das Wirkliche und
das Natürliche, als das Erdichtete und das Uebernatürliche zu schildern, oder daß, wenn auch das
letztere mehr Bewunderung erregen sollte, doch das
erste nur interessiren könne". Garve macht über-

dies auf einen beachtungswerthen Unterschied zwischen der natürlichen und eingebildeten Welt aufmerksam. „Die wirkliche Natur", sagt er, „ist weit reicher in dem Stoffe, aus dem sie jedes Ding zusammengesetzt, weit mannichfaltiger in den Arten, durch welche sie dasselbe abgeändert hat. Jedes Ding in der Natur ist ein Gewebe von unzähligen Theilen, eine Mischung von unendlich viel Beschaffenheiten, und diese wieder auf alle mögliche Weise bestimmt; jedes Ding der bloßen Imagination hingegen ist fast immer nur eine Zusammensetzung aus zwei, drei allgemeinen Eigenschaften, die man in einem Uebermaße nimmt, in welchem sie keine besondern Bestimmungen, keine Einschränkungen leiden. Alle diese Geschöpfe der mythologischen und Feenwelt sind im Grunde wirklich nur abstracte Begriffe. Es ist Macht, oder Größe, oder Geschwindigkeit, oder irgendeine andere solche Eigenschaft allein, im höchsten Grade gedacht, die den Namen Jupiter oder Oberon bekommt. Man hat es tausend mal wiederholt, daß die Natur eingeschränkt, aber das Feld der Imagination unendlich sei. Uns dünkt, die imaginative Welt ist gegen die wirkliche ein enges, armseliges Gehege, wo man immer dasselbe Wild unter neuen Namen hascht und, weil man sich lange im Kreise herumbewegt

hat, glaubt, daß man sehr weit fortgekommen sein
müsse. Aber gesetzt, wir wären so gute Schöpfer,
daß wir wirklich neue individuelle Naturen hervorbringen und sie hinlänglich abwechseln könnten, was
können uns alle diese Wesen angehen, die wir niemals um uns herum gesehen, mit denen wir niemals in irgendeinem Verhältnisse gestanden haben,
und von denen wir wissen, daß wir nichts weder
zu hoffen noch zu fürchten haben? — Wenn uns
diese Götter-, Zauberer-, Feen- und Ritterwelt jetzt
noch gefallen soll: so muß es entweder dadurch geschehen, daß unter diesen fremden Namen wirkliche
Menschen aufgeführt werden, oder daß sie doch zu-
weilen wie die uns bekannten Dinge wirken und
leiden; oder es müssen Anspielungen, es muß
Scherz, Satire, mit einem Worte eine Art von
verborgenem Sinn sein, der unter diesen Bildern
hervorleuchtet. Die Dinge und Begebenheiten müssen nur als das Mittel gebraucht werden, durch
welches andere, die uns eigentlich interessiren, ins
Auge fallen sollen." („Sammlung einiger Abhand-
lungen aus der neuen Bibliothek der schönen Wissenschaften und der freien Künste" von Christian Garve.
Leipzig 1779. S. 277 fg.)

Ist es somit bewiesen, daß der eigentliche Gegenstand der Poesie das Natürliche ist, da ihre Haupt-

aufgabe darin besteht, das eigene innere Wesen der Dinge, ihre eigenthümliche Natur und Wirkungs= weise auf eine schöne und charakteristische Weise zu schildern, so ist eben damit auch der Vorwurf von der Naturwissenschaft abgewälzt, daß sie durch Zer= störung der übernatürlichen Wunderwelt der Mythen die Poesie untergrabe und den poetischen Sinn ver= nichte. Hiervon ist gerade das Gegentheil wahr, daß nämlich die Naturwissenschaft, indem sie uns das natürliche Wesen der Dinge und ihre eigenen, innern Intentionen kennen lehrt, der echten Poesie in die Hände arbeitet, ihr den Stoff liefert, den sie auf eine concrete, anschauliche Weise zu bilden hat. Der Gegenstand der Naturwissenschaft und Poesie ist ein und derselbe, das innere Wesen und die natürliche Verkettung der Dinge, nur das jene es in abstracto, in allgemeinen Begriffen, diese hin= gegen in concreto, in einzelnen anschaulichen Fällen zum Bewußtsein bringt.

Die Unvereinbarkeit der Naturwissenschaft mit der Poesie läßt sich nur dann behaupten, wenn man von dem gleichen und gemeinschaftlichen Object beider absieht und dagegen sein Auge nur auf die formelle Verschiedenheit beider, die aus der ver= schiedenen subjectiven Geistesthätigkeit in bei= den Gebieten entspringt, richtet. Nichts kann ver=

schiedener sein als die Thätigkeit des mathematischen Physikers, der zählt, rechnet, wägt, und die phantasiereiche Anschauung des Dichters. „Der Beobachter", sagt Alexander von Humboldt, „der durch ein Heliometer oder einen prismatischen Doppelspath den Durchmesser der Planeten bestimmt, Jahre lang die Meridianhöhe desselben Sternes mißt, zwischen dichtgedrängten Nebelflecken teleskopische Kometen erkennt, fühlt (und es ist ein Glück für den sichern Erfolg dieser Arbeit) seine Phantasie nicht mehr angeregt als der beschreibende Botaniker, solange er die Kelcheinschnitte und die Staubfäden einer Blume zählt, und in der Structur eines Laubmooses die einfachen oder doppelten, die freien oder ringförmig verwachsenen Zähne der Samenkapsel untersucht." „Aber", fügt Humboldt hinzu, „das Messen und Auffinden numerischer Verhältnisse, die sorgfältigste Beobachtung des Einzelnen, bereitet zu der höhern Kenntniß des Naturganzen und der Weltgesetze vor." („Kosmos", I, 19.) Wenn also auch die subjective Thätigkeit des Naturforschers verschieden ist von der des Dichters, so sind doch die objectiven Resultate der Naturwissenschaft der Poesie keineswegs zuwider, denn sie bilden den Stoff, den der Dichter poetisch zu gestalten hat. Aehnlich, wie alte griechische Philosophen Lehrgedichte über die Natur der Dinge und Lucretius ein großes Gedicht de rerum natura vom Standpunkte ihrer Naturkenntniß geschrieben haben, ähnlich sollten auch heutige Dichter den Kosmos vom Standpunkte der modernen Naturwissenschaft aus besingen, — eine Arbeit, zu der freilich ebenso naturwissenschaftliche Kenntniß, als poetisches Genie gehört. Ein Goethe wäre der Mann dazu gewesen. Seine Gedichte über Metamorphose der Pflanzen und Thiere zeigen, was er in dieser Gattung zu leisten im Stande war.

Uebrigens sind Naturwissenschaft und Poesie nicht blos durch ihr Object verwandt, sondern auch in subjectiver Hinsicht läßt sich, troß der verschiedenen Organe, mit denen der beobachtende Naturforscher und der schildernde Dichter thätig sind, eine Gleichheit zwischen ihnen entdecken. Wissenschaftliche Thätigkeit hat nämlich mit künstlerischer überhaupt Dieses gemein, daß sie den Menschen objectiv macht, d. h. ihn über sein persönliches Ego, dessen Bedürfnisse und Vorurtheile erhebt, indem sie ihn die Dinge auffassen lehrt, wie sie an sich sind, nicht wie das egoistische Subject sie gern haben oder wissen möchte. Derselbe reine,

kindliche, unbefangene Sinn, der dazu erfodert wird,
die Antworten der Natur auf die Fragen, die man
ihr stellt, rein und ungetrübt zu vernehmen, eben
derselbe wird auch zur echten Poesie erfodert und
macht den großen Dichter. Die naturwissenschaft=
liche Forschung ist also auch in subjectiver Hinsicht
im Stande, zur Poesie zu bilden, indem sie den
Geist objectiv macht und von subjectiven Schlacken
reinigt. „Die Natur", sagt Goethe (in seinen ein=
zelnen Betrachtungen und Aphorismen über Natur=
wissenschaft), „verstummt auf der Folter: ihre treue
Antwort auf redliche Frage ist: Ja! ja! Nein! nein!
Alles Uebrige ist vom Uebel." Ferner: „Bei Be=
trachtung der Natur im Großen wie im Kleinen
habe ich unausgesetzt die Frage gestellt: Ist es der
Gegenstand oder bist du es, der sich hier ausspricht?
Und in diesem Sinne betrachtete ich auch Vorgän=
ger und Mitarbeiter." Goethe bezeichnet jeden For=
scher als Einen, „der zu einer Jury berufen ist".
Denselben Wahrheitssinn, als die Naturwissenschaft,
erfodert aber auch die Poesie. Auch der Dichter
hat sich zu fragen: Ist es der Gegenstand oder bist
du es, der sich hier ausspricht? Auch er darf die
Dinge nicht auf die Folter spannen, um ihnen eine
ihm genehme Aussage abzupressen, sondern muß,

wie zu einer Jury gehörig, unbefangen aufmerken, was ihm die Dinge sagen und offenbaren. Be= schäftigung mit Naturwissenschaft kann also dem Dichter, als zur objectiven Auffassung der Welt bildend, nur vortheilhaft sein.

Und hiermit glauben wir das Wichtigste von Dem berührt zu haben, was das Verhältniß der Natur= wissenschaft zur Poesie betrifft.

II.

Einfluß der Naturwissenschaft

auf

die Religion.

—

Klare Ansicht der Natur, wenn auch nur eine historische, bewahrt vor den Anmaßungen einer dogmati-
sirenden Phantasie.

Alexander von Humboldt.

4*

Wir haben nachgewiesen, daß die Naturwissenschaft
dem Dichter nichts wahrhaft und wesentlich zur
Poesie Gehöriges raubt, vielmehr ihm in objectiver
und subjectiver Hinsicht gerade Dasjenige bietet,
was er braucht: in objectiver Hinsicht einen schönen,
erhabenen, die Bewunderung erregenden Stoff,
in subjectiver Beziehung eine unbefangene, vorur=
theilsfreie Auffassung, die es ihm möglich macht,
im Sinne der Natur zu schaffen, statt seines engen
Ichs das objective Wesen der Dinge zur An=
schauung zu bringen und dadurch sich über Ge=
schmacklosigkeit, Engherzigkeit, Flachheit zu erheben.

Dieselbe vortheilhafte Wirkung, als auf die
Poesie, hat die Naturwissenschaft auch auf die Re=
ligion. Sie entzieht, wofern sie sich nur inner=
halb ihrer natürlichen Grenzen hält, und sich nicht
anmaßt, über Dinge abzusprechen, die außer ihrem
Bereiche liegen, dem Religiösen nichts wahrhaft

und wesentlich zur Religion Gehöriges, sondern
läutert dieselbe nur von allen unreinen Bei-
mischungen, die ihr wahres Wesen entstellen und
verfälschen. Sie verwandelt die Afterreligion in
wahre, wie sie die Afterpoesie in echte umgestaltet.

Es versteht sich von selbst, daß wir hier von
der Religion nur als von einem natürlichen Ergebniß des menschlichen Wesens reden, nicht aber
von positiver, historischer Religion, die sich eines
übernatürlichen Ursprungs rühmt. Denn auf
die gläubigen Anhänger der letztern kann Naturwissenschaft keinen Einfluß haben. Sind sie fest in
ihrem Glauben, daß Das, was sich ihnen als göttliche Offenbarung ankündigt, wirklich von Gott oder
einem Abgesandten Gottes geoffenbart und durch
Wunder bekräftigt sei, so werden sie sich durch die
entgegengesetzten Aussagen der Naturwissenschaft
nicht stören lassen. Lehrt sie ihre Offenbarung
z. B., daß die Erde in sechs Tagen geschaffen sei,
daß sie den Mittelpunkt der Welt bilde und stillstehe, während das ganze Sternenheer um sie
kreist u. s. w.; so werden sie auf die geologischen
und astronomischen Resultate der Naturwissenschaft,
die das Gegentheil lehren, nichts geben, sondern
werden die menschliche Wissenschaft für eitel Irrthum
und für abgefallen von Gott erklären. Anstatt die

Aussagen ihrer Offenbarung wissenschaftlich zu prüfen, werden sie umgekehrt die Urtheile der Wissenschaft dem Gerichte der Offenbarung unterwerfen und werden sie verwerfen, sobald sie mit derselben streiten.

Anders verhält es sich mit der natürlichen Religion. Diese ist perfectibel und schreitet fort mit der fortschreitenden Naturwissenschaft. Denn in der natürlichen Religion ist es die Natur, die Welt, die den Menschen zur Vorstellung von göttlichen, die Natur in ihrer Gewalt habenden Wesen anregt. Je mangelhafter und unvollkommener daher noch seine Erkenntniß der Natur ist, desto mangelhafter und unvollkommener wird auch der Begriff des göttlichen Wesens sein, zu welchem er sich über die Natur erhebt. Je richtiger er dagegen die Wirkung, das Geschöpf, kennen lernt, desto wahrer werden auch seine Begriffe vom Urheber, dem Schöpfer, werden.

Die Geschichte der religiösen Entwickelung des Menschengeschlechts zeigt, daß dasselbe am Anfang, wie auf allen Gebieten, so auch in der Religion noch auf einer niedrigen, unvollkommenen Stufe steht. Die Naturreligionen sind voll von Aberglauben, beten Götzen statt des wahren Gottes an, setzen einen erdichteten an die Stelle des wahren

Zusammenhanges der Dinge, obwol nicht zu leugnen ist, daß auch im Aberglauben oft schon tiefe Keime der Wahrheit verborgen liegen, die nur ans Licht gezogen und gesäubert zu werden brauchen. — Die Ansicht, daß der Mensch mit einer vollkommenen Urreligion angefangen, dieselbe aber, wie überhaupt seine ursprüngliche Vollkommenheit durch den Sündenfall wieder eingebüßt habe, müssen wir hier als eine dogmatische, aus einem bestimmten Glaubenssystem entsprungene, bei Seite lassen, und halten uns nur an die objectiv geschichtliche, d. h. auf historischen Quellen beruhende; über den ursprünglichen Zustand des Menschengeschlechts sind uns keine historisch beglaubigten Documente übrig, die ihn uns als einen vollkommenern gegen den, mit welchem die beglaubigte Geschichte anfängt, nachweisen könnten. — Mit dem Aberglauben also fangen die Religionen an und läutern sich im Verlaufe der geschichtlichen Entwickelung allmälig von demselben zum wahren Glauben.

Dieser Läuterungsproceß ist aber zu nicht geringem Theile der fortschreitenden Naturwissenschaft zu verdanken. Denn der Aberglaube entsprang großentheils aus mangelhafter Naturerkenntniß, mit der Ansicht vom Kosmos mußte sich also auch die Religion läutern. „Aberglaube und Unglaube", sagt Hamann, „gründen sich beide auf eine seichte Physik und eine ebenso seichte Ge- schichte." (I, 55.)

Zwar sagt Goethe (in seinen „Maximen und Reflexionen"): „Der Aberglaube gehört zum Wesen des Menschen und flüchtet sich, wenn man ihn ganz und gar zu verdrängen denkt, in die wunderlichsten Ecken und Winkel, von wo er auf einmal, wenn er einigermaßen sicher zu sein glaubt, wieder hervor= tritt." Auch Lichtenberg spricht vom Aberglauben als einem wesentlichen Hange der menschlichen Natur, indem er sagt: „Jeder Mensch hat seinen indivi= duellen Aberglauben, der ihn bald im Scherz, bald im Ernst leitet. Ich bin auf eine lächerliche Weise öfters sein Spiel, oder vielmehr ich spiele mit ihm. Die positiven Religionen sind seine Be= nutzungen jenes Hanges im Menschen. Die Men= schen haben alle etwas davon, wenn sie nicht deut= lich denken, und es ist gewiß noch nie ein so voll= kommener Deist gewesen, als er im Compendio steht; das ist unmöglich.... Der Mensch, der sich vieles Glückes und seiner Schwäche bewußt ist, wird abergläubisch, flüchtet zum Gebet u. dergl. m." (II, 146 fg.)

Zu diesen Stimmen gesellen sich noch andere

über die Unvertilgbarkeit des Aberglaubens. Herder führt aus Friedrich's des Großen Briefen folgende Stelle an: „Ich wünsche Euch zu Eurer guten Meinung von der Menschheit Glück; ich, der ich aus Pflicht meines Standes diese Gattung Geschöpfe auf zwei Beinen ohne Federn sehr gut kenne, muß Euch voraus sagen, daß alle Philosophie der Welt das menschliche Geschlecht von dem Aberglauben nicht frei machen werde, an dem es hängt. Die Natur hat dieses Ingrediens in die Composition der ganzen Gattung gemischt, eine Furcht, eine Schwäche, eine Leichtgläubigkeit, eine Uebereilung des Urtheils zieht die Menschen durch einen natürlichen Hang in das System des Wunderbaren; und es gibt nur wenig philosophische Seelen, die stark genug gebaut sind, um die tiefen Wurzeln der Vorurtheile, die die Erziehung in sie schlug, zu zerstören. Diesen hat sein gesunder Verstand von einigen Volksirrthümern losgemacht, er empörte sich gegen Ungereimtheiten; jetzt kommt der Tod ihm näher, und aus Furcht fällt er in den Aberglauben zurück; er stirbt als Kapuziner. Bei Jenem hängt seine Art zu denken von einer guten oder übeln Verdauung ab. Es ist also nicht genug, Menschen den Trug zu entnehmen; man müßte ihnen auch eigene Stärke des Geistes einhauchen können; oder

Empfindlichkeit und der Schrecken des Todes werden auch über die stärksten, nach aller Methode vorgetragenen Vernunftlehren triumphiren." (Herder's „Briefe zu Beförderung der Humanität", zweite Sammlung, S. 77 fg.)

Indessen, dieses können wir Alles zugeben, ohne darum doch unsere Behauptung von dem Einfluß der Naturwissenschaft auf Läuterung der Religion vom Aberglauben zurücknehmen zu müssen. Denn ein blinder, subjectiver Hang zu etwas kann noch fortbestehen, nachdem es längst durch die Vernunft verworfen ist. Der aufgeklärteste Kopf kann sich im Finstern, wie ein Kind, fürchten, kann natürliche Dinge für Geister und Gespenster ansehen, ohne daß er darum intellectuell an Geister und Gespenster glaubt. Es kommt dies nur daher, daß der Mensch schwache Stunden hat, in denen das dunkle Gefühl dem hellen Verstande nicht zu folgen vermag, in denen ihn das Licht der Erkenntniß verläßt und ihn den Einbildungen der Phantasie oder anerzogenen Vorurtheilen preisgibt. Aber etwas Anderes ist dieser subjective Hang zum Aberglauben, der sich auch des Aufgeklärtesten bemächtigen kann, und wieder etwas Anderes der wirkliche, objective Aberglaube, der als eine geschichtliche Macht in der Menschheit wirkt. In=

dividuell kann ein gewiſſer Aberglaube noch fort=
dauern, wenn er in der Geſchichte, in dem fort=
geſchrittenen Bewußtſein der Völker, längſt einer
richtigern Ueberzeugung Platz gemacht und alle
Macht, allen Einfluß auf das wirkliche Leben ver=
loren hat. Ein Aberglaube iſt nur ſo lange ein
wirklicher Glaube, als er den Menſchen anleitet,
danach zu leben und zu handeln, als er keine ent=
gegengeſetzten Erkenntniſſe und Motive aufkommen
läßt. So beruhten z. B. die Ordalien und die
Hexenproceſſe auf einem wirklichen, lebenskräftigen
Aberglauben. Aber bloße ſubjective Anwand=
lungen zum Aberglauben, die den Verſtand nicht
hindern, wie Lichtenberg ſagt „mit ihm zu ſpielen“,
verdienen nicht mehr den Namen Aberglauben.
Sobald man etwas als Aberglauben erkennt, kann
man ihm nicht mehr zur Beute werden, wie da,
wo man noch gar nicht zu der Erkenntniß gekommen
iſt, daß Das, was man für wahr hält, Wahn und
leere Einbildung iſt.

Doch auch dieſes wird von Einigen geleugnet,
daß die Naturwiſſenſchaft den Aberglauben als ge=
ſchichtliche Macht zerſtört habe. Der bekannte
Dramatiker Raupach hielt am 14. Febr. 1852 im
Wiſſenſchaftlichen Verein zu Berlin einen Vortrag
über den „Aberglauben als weltgeſchichtliche Macht“,

worin er nachwies, daß der Aberglaube zu allen Zeiten der Geschichte wiederkehrt. Er unterscheidet in diesem Vortrage (S. 8) drei Grade des Aberglaubens: den Geisterglauben, die Wahrsagerei und die Zauberei. Der erste Grad umfaßt nach ihm den theoretischen, nämlich den einfachen Glauben an das Dasein, die Thätigkeit, das höhere Wissen, die Macht der verschiedenen Geister. Damit verbunden sind natürlich die freiwilligen Erscheinungen und Einwirkungen derselben, die Ahnungen, die Träume, die Vorbedeutungen, die Wunderzeichen und die Prophezeiung, d. h. wo ohne Zuthun des Menschen ein Geist aus dessen Munde Verborgenes verkündigt. Der zweite und dritte Grad schließen den praktischen Aberglauben in sich, wobei nämlich der Mensch schon selbst thätig ist. Der zweite Grad ist speciell der, wo der Mensch das Wissen der Geister und Todten benutzen will, um das Verborgene zu erfahren, sei es nun mittelbar durch gewisse Vorrichtungen oder unmittelbar durch Herbeirufung der Geister und Todten. Hier haben wir das weite Feld der Wahrsagerei, die als Unterarten in sich schließt die Traum- und Zeichendeuterei, die Wetterprophezeiung, die Tagewählerei, die Astrologie, die Chiromantie, die Geister- und Todtenbeschwörung u. s. w. Der dritte Grad ist endlich ber, wo der Mensch die Macht der Geister für sich in Anspruch nimmt, sich mit ihnen verbindet, sie durch Gegenleistungen bestimmt, oder gar durch geheime Künste zwingt, ihm zu dienen; wo er dann mit ihrer Hülfe, aus Rache oder Eigennutz, Natur=widriges bewirkt, vom Besprechen und den Liebes=tränken an bis hinauf zu den Ungewittern und Erdbeben. Hier stehen wir auf dem unermeßlichen Gebiete der Zauberei oder Hexerei und der Wunder=thätigkeit.

Von diesem in den angegebenen drei Graden sich kundgebenden Aberglauben behauptet nun Rau=pach, daß er eine welthistorische Macht ist, d. h. daß er immer wesentlich derselbe geblieben und, wenn auch in gewissen Zeiträumen zurückgedrängt, doch stets unter günstigen Umständen, obwol oft in veränderter Form, wiedergekehrt ist und sich zu einer gewissen Herrschaft, wenigstens über die Menge, erhoben hat. Zwei historische Erscheinungen sind es nach Raupach, die dem Wiederaufleben des Aber=glaubens vor allem günstig sind. „Die erste ist der Unglaube, der, theils durch das Uebergewicht der Intelligenz über das Gemüth des Menschen, theils durch politische Umwälzungen bewirkt, zu ge=wissen Zeiten aufgetaucht ist. Das Gemüth des Menschen bedarf des Glaubens an das Uebersinnliche,

und wenn ihm der Glaube, dem es bisher ange-
hangen hat, geraubt wird, so sucht es einen Ersatz,
den, wenigstens die Menge, im Aberglauben findet.
Mit dem Unglauben ist gewöhnlich die Immoralität
als die zweite jener Erscheinungen verbunden, eine
vorwiegende Neigung zu materiellen Interessen, zu
sinnlichen Genüssen, zuletzt Unsittlichkeit im Innern
wie im Aeußern. Wenn die Quelle dieser Aus-
artungen die ungebundene Selbstsucht ist, so muß
dem gewöhnlichen Menschen der Aberglaube will-
kommen sein, der wenigstens in seinem praktischen
Theile der Selbstsucht volle Befriedigung verspricht."
Auch unsere, so weit vorgeschrittene Zeit, spricht
Raupach von den Symptomen nicht frei, die einen
neuen Ausbruch des Aberglaubens, einen aber-
maligen Rückfall in die Kindheit, zu verkündigen
pflegen. „Wir können es nicht leugnen, die Haupt-
symptome sind vorhanden: durch den englischen
Deismus und Empirismus, den französischen Materialismus und den deutschen Rationalismus ist unser
Glaube tief erschüttert worden; Luxus, materielle
Genußsucht und Unsittlichkeit gewinnen immer mehr
Raum, und unsere Literatur strengt alle, sogar weib-
liche Kräfte an, um diese Zeitrichtung zu fördern."
Demnach wäre es nicht sowol die Naturwissenschaft, die geeignet ist, ein Gegengewicht

gegen den Aberglauben zu bilden, als vielmehr einerseits Kräftigung des Gemüths, damit nicht durch Uebergewicht der Intelligenz über dasselbe ein Unglaube erzeugt werde, der ins andere Extrem, den Aberglauben hineintreibt; andererseits Stärkung des moralischen Willens, damit nicht materialistische Selbst- und Genußsucht erwache, die ebenfalls zum Aberglauben geneigt macht. Die Naturwissenschaft könnte sogar vom Raupach'schen Standpunkt aus in Verdacht kommen, den Aberglauben zu befördern; denn ist sie es nicht, die überwiegend die Intelligenz ausbildet, dadurch die Menschen ungläubig macht und so mittelbar wieder den Aberglauben herbeiführt? Ist sie es nicht auch, die den praktischen Materialismus begünstigt und also auch von dieser Seite dem Aberglauben in die Hände arbeitet?

Wir glauben, um über diesen Punkt ins Reine zu kommen, habe man vor allen Dingen Folgendes zu unterscheiden. Der Aberglaube hat eine praktische und eine theoretische Quelle. Er entspringt einerseits aus dem Willen, andererseits aus der Erkenntniß. Der praktische Ursprung des Aberglaubens ist das Abhängigkeitsgefühl und Glückseligkeitsbedürfniß des Menschen. Der Mensch will vor allen Dingen gut und glücklich leben, die

Eudämonie ist der innerlich ihn beseelende und treibende Gott. Nun fühlt er aber überall seine Abhängigkeit von der Natur, seine Schwäche und Gebrechlichkeit. Der Blitz kann sein Haus verzehren, der Hagel seine Saaten vernichten, Krankheit und Pest seine Familie hinraffen. Grausame Zufälle lauern überall im Hinterhalte, die das schönste Lebensglück plötzlich zerstören können, der Tod ist überdies auch dem Glücklichsten gewiß. Gegen diese das Leben und das Glück bedrohenden Mächte, gegen die Ungewißheit des menschlichen Looses möchte nun gern das Gemüth Schutz und Hülfe, Rath und Trost haben. Da jedoch die Erkenntniß — und hiermit kommen wir auf den theoretischen Ursprung des Aberglaubens — im Kindesalter der Menschheit noch nicht so weit ausgebildet ist und bei dem großen Haufen nicht so schnell dem reifern Urtheil der wenigen Denkenden folgen kann, um den wahren, natürlichen Zusammenhang der Dinge zu erkennen; da der Mensch im Kindesalter vorherrschend mit der Phantasie thätig ist, und diese Dichterin — man kann dies schon an Kindern, die mit ihrem Puppenbalg sprechen, erkennen — gern Alles personificirt, in Alles eine menschliche Seele hineindenkt; so ist es kein Wunder, daß der Mensch die Naturgewalten, von denen sein Glück und Leben abhängt, vergöttert und, nach menschlicher Weise, sie durch Gaben und Opfer sich geneigt machen zu können glaubt, durch Sünden und Mangel an der schuldigen Verehrung sie zu erzürnen fürchtet. Furcht und Hoffnung sind also zwar der praktische Ursprung des Aberglaubens, aber in diese praktische Quelle fließt noch die theoretische, die Unkenntniß der Natur, die überwiegende Auffassung derselben mit der Phantasie ein, und aus diesen beiden vereinigten Quellen wird alsdann der starke, breite, reißende Strom des Aberglaubens in seinen durch die verschiedenen Nationalitäten und Landesbeschaffenheiten mannichfaltig variirten Erscheinungen. An die vergötterten Naturgewalten oder die als Herren der Natur geglaubten Geister wendet sich der unwissende Mensch, weil er ihnen wunderbare Macht zuschreibt, in der Noth und allen ihm am Herzen liegenden Angelegenheiten; statt z. B. das Fieber durch Chinapulver zu vertreiben, wendet er sich an die Göttin Febris; ja, da die Phantasie das Bild oder die Statue eines Gottes unmittelbar für den Gott selbst ansieht, so kniet und betet der Abergläubische vor Holz und Marmor, der Besitz der Götterbilder wird ihm zum Schutz und Hort gegen seine Feinde und gegen alles Ungemach. Da jedes Land seine eigenen Götter hat und der Gott in seiner Statue gegenwärtig ist, so darf man den Landesgott nicht in Feindesland übergehen lassen, um seine Hülfe nicht zu verlieren, und es war daher ganz natürlich, daß, wie Curtius (Buch IV, Cap. 3) erzählt, die Tyrier, als sie von Alexander belagert wurden, Ketten um die Statue des Hercules zogen, um dadurch den Gott abzuhalten, zum Feinde über=zugehen. Ebenso natürlich ist's, daß man die Götter, da man ihnen nicht blos Macht über die Natur, sondern auch Vorwissen der Zukunft zuschreibt, um das zukünftige Loos, um den Aus=gang einer Unternehmung befragt, und daher der Orakeldienst, die Betrachtung und Auslegung des Vogelflugs, der Eingeweide der Thiere u. s. w. als göttlich gegebene Vorzeichen. Kurz, überall und in allen noch so mannichfaltig variirten Formen des Aberglaubens ist eine Mischung von Gemüths=affecten und Bedürfnissen mit schwacher Urtheils=kraft und mangelhafter Erkenntniß.

Da dieses sich aber so verhält, da der Aber=glaube, obwol ursprünglich von praktischer Willens=richtung, von dem Bedürfniß nach Glückseligkeit und Lebensgenuß ausgehend, doch theoretisch, durch verkehrte Erkenntniß, genährt und unterhalten wird, so kann man dem Fortschritte der Natur=wissenschaft, als welche die abergläubische Natur=

ansicht widerlegt, nicht allen Einfluß auf Läuterung
der Religion absprechen. Denn Wille und Erkenntniß sind im Menschen nicht so isolirt nebeneinander, nicht so ohne allen gegenseitigen Einfluß
aufeinander, daß nicht mit der veränderten Erkenntniß auch die Willensrichtung sich ändern sollte.
Wie ein verkehrter Willenshang geeignet ist, eine
verschrobene Erkenntniß zu erzeugen, oder wenigstens
die richtige Erkenntniß zu verdunkeln — ein Geiziger
sieht z. B. in dem Gelde nicht mehr das Mittel,
sondern den Zweck des Lebens, — so ist umgekehrt
auch eine verbesserte und berichtigte Erkenntniß
im Stande, dem Willen eine bessere Richtung zu
geben. Wer die gesetzmäßige Ordnung der Natur
erkannt hat, wird von thörichten Wünschen, daß die
Natur zu seinen Gunsten von ihren Gesetzen ab-
weiche, zu seinem Glücke ihre Ordnung durchbreche,
ablassen, wird sich also auch nicht mehr mit
Opfern an Götter und Geister wenden, um durch
ihre übernatürliche Macht vor zerstörenden Naturwirkungen bewahrt zu werden, sondern wird, soweit
der Natur auf natürlichem Wege beizukommen
ist, ihr Unheil durch eigene Thätigkeit von sich abzuwenden suchen, im Uebrigen aber, wo seine Gewalt nicht hinreicht, sich in den Lauf der Dinge
ergeben. Weit entfernt also, daß die durch die

Naturwissenschaft gewonnene kosmische Erkenntniß die Selbstsucht aufstachelte, setzt sie derselben vielmehr Schranken, indem sie den Menschen lehrt, daß er sich nicht in dem Sinne als Mittelpunkt der Schöpfung zu betrachten habe, seines irdischen Glückes wegen Ausnahmen von dem gesetzmäßigen Verlauf der Dinge beanspruchen zu dürfen. Sie lehrt ihn einerseits seine geistige Ueberlegenheit in Anwendung bringen, um die Natur in seinen Dienst zu nehmen, und andererseits lehrt sie ihn resigniren, die Unbill der Natur mit Geduld und Ergebung ertragen.

Es kann keine ungerechtere Beschuldigung geben als die, daß die Naturwissenschaft zum Unglauben führe und mit dem Glauben der Menschheit allen Trost raube.

Was erstens den Unglauben betrifft, so besteht er darin, daß man alles Uebersinnliche, Metaphysische leugnet und nur das Sinnliche, Physische, nur die Materie und ihre Gesetze als das Absolute anerkennt. Der Unglaube betrachtet den Menschen als eine empfindende und denkende Maschine, aus einer eigenthümlichen Combination der Urstoffe der Materie unter begünstigenden Einflüssen der Wärme, des Lichts, der Electricität u. s. w. entstanden, und nach dem Tode wieder in die Urstoffe sich auflösend, um andern Combinationen der Materie Platz zu machen, um die Felder mit seinen Knochen zu düngen, sich in Pflanzengestalt, aus dieser in Thiergestalt und aus dieser wieder zurück in Menschengestalt zu verwandeln, um, wenn er bis auf diese Höhe angelangt ist, von da wieder herab=zusinken und den Kreislauf vom Unorganischen ins Organische und von da zurück wieder von neuem zu beginnen in infinitum. Der Kreislauf der Materie und die Metamorphose des Stoffes ist ihm Ein und Alles. Zu solchem Unglauben, der außer der physischen Natur, ihrem Stoff und ihrer Gesetzmäßigkeit nichts annimmt, der also jedes übersinnliche, übernatürliche, metaphysische Princip der Natur leugnet, mit seinen Consequenzen, der Leugnung der Freiheit und Unsterblichkeit, führt allerdings die falsche, ihre Grenzen verkennende Naturwissenschaft; aber nicht die wahre, die weiß, wie weit sie gehen darf und wo ihr Gebiet aufhört.

Die wahre, ihrer Grenzen eingedenke Natur=wissenschaft begnügt sich damit, den physischen, natürlichen Zusammenhang der Dinge aufzudecken, hütet sich aber wohl, die physische Naturordnung für das Letzte, Höchste und Absolute, für das Ewige und Unveränderliche auszugeben, hinter und über welchem sich nichts Anderes denken lasse und nichts weiter zu suchen sei. Sie sagt: Bis hierher und nicht weiter, bis zur Erkenntniß der Urstoffe und Kräfte nebst der gesetzmäßigen Weise ihres Wirkens und der Beschaffenheit ihrer mannichfaltigen Combinationen, geht unser Wissen; ob aber diese so von uns erkannte Naturordnung noch ein höheres Princip habe und welcher Wesenheit dieses sei, das können wir als Physiker nicht mehr ausmachen. Da fängt vielmehr das Gebiet des Glaubens und der Philosophie an, als welche es mit dem Uebersinnlichen, Uebernatürlichen, mit dem Principe der Natur zu thun haben. „Ein physisches Naturgemälde bezeichnet die Grenze, wo die Sphäre der Intelligenz beginnt und der ferne Blick sich senkt in eine andere Welt. Es bezeichnet die Grenze und überschreitet sie nicht." („Kosmos", I, 386.)

Die wahre, echte Naturwissenschaft zerstört also mit dem Aberglauben nicht allen Glauben; sie führt nicht zum Unglauben, sondern eröffnet erst recht die Pforten des Glaubens. Was sie uns nimmt, ist nicht der Glaube an ein übersinnliches, über=natürliches Princip der Welt, sondern nur die falschen, unwürdigen, kindischen, anthropomorphi=stischen Vorstellungen von dem Weltschöpfer, für die sie uns wahrere, würdigere gibt. Oder sollte es nicht würdiger sein, Macht und Weis=

heit der Welt so inwohnend zu denken, daß es
zur Regierung derselben keiner äußern wunderbaren
Einbrüche in die natürliche Ordnung der Dinge
bedarf, als bei allen eingetretenen physischen oder
moralischen Unordnungen den Deus ex machina
herbeirufen zu müssen? Ist eine Welt, die aus
innerer Kraft von Sünde und Uebel erlöst wird,
nicht eine vollkommenere, als eine bei allen Stö=
rungen äußerer Hülfe bedürftige, wie ein Staat,
der sich selbst zu regieren vermag, vollkommener ist,
als einer, der zur Erhaltung der innern Ordnung
fortwährend auswärtige Hülfe herbeirufen muß?
Ist folglich nicht auch der, welcher eine solche Welt=
und eine solche Staatsorganisation schafft, voll=
kommener, wie der, dessen Werk äußerer Repara=
turen bedarf?

Oersted hat in seiner schon angeführten Ab=
handlung über „Die Naturwissenschaft im Verhältniß
zur Dichtkunst und Religion" ein Capitel mit der
Ueberschrift: Kann Gottes Regierung der
Willkür entbehren? und er beantwortet die
Frage dahin, daß es zur Erhaltung der Welt=
ordnung und ihrer Sicherstellung gegen verwirrende
Störungen nicht der Aufsicht und Hülfe eines
willkürlich wirkenden Wesens bedürfe, da die innere
Einrichtung der Welt so weise getroffen sein könne,

daß zum voraus der Wirkung störender Ursachen vorgebeugt sei. Er erläutert dieses durch einige Beispiele. „Versetzen wir uns", sagt er, „anderthalb Jahrhunderte in der Zeit zurück. Da wurde verlangt, daß man auf eine große Weltumsegelung eine Uhr mitnähme, welche stets ihren richtigen Gang beibehielte. Halten wir uns nun an den Grundgedanken, so müssen wir dieses unmöglich finden; mit den Veränderungen der Wärme verändert sich unter Anderm die Länge der feinen Feder und der Durchschnitt der Schwungräder, welche den Gang der Uhr ordnen; es ist also unmöglich, müßte man sagen, daß sie ihren gleichmäßigen Gang beibehalten kann; der Verfertiger oder ein Abgesandter müßte sie begleiten, um die Unregelmäßigkeiten zu berichtigen. Nein! Dies ist nicht blos unnöthig, sondern würde ein ganz unzureichendes Mittel sein; dagegen vermag der Künstler, welcher die Gesetze kennt, wonach die Wirkungen hier vorgehen, Theile anzubringen, deren Erweiterung durch die Wärme in solchen Richtungen geschieht, daß der Fehler gehoben wird. Mag der Führer des Schiffes es für gut finden, sich zu den heißesten oder kältesten Gegenden hinzuwenden, der Gang der Uhr bleibt unversehrt. Die Sache ist in unserer Zeit bekannt genug; wir sehen aber hier auf eine Zeit zurück,

da sie noch unbekannt war, es sind seitdem keine anderthalb Jahrhunderte verlaufen." (S. die Ueber=
setzung von Kannegießer, S. 45 fg.)

Auch die Einrichtung der Dampfmaschine führt Oersted zum Beispiel an. Durch den Gebrauch von Dampfmaschinen werden große Kräfte in Wirksamkeit gesetzt; aber ein Fehler in der Benutzung kann ge=
fährlich werden. Der Aufseher kann willkürlich das Feuer vermehren oder vermindern, ja er kann es sogar ganz unvernünftig verstärken und dadurch dem Dampf eine solche Spannung geben, daß er den Kessel sprengt, wenn nicht eine vorbeugende Ein=
richtung getroffen wäre: diese ist bekanntlich des Dampfkessels Sicherheitsöffnung mit der Sicherheits=
klappe, die dem Dampf Ausgang verstattet, wenn dessen Spannung zu groß wird; nach den ältesten Einrichtungen der Dampfmaschinen mußte beständig Jemand zugegen sein, um die Hähne zu drehen, die wechselsweise dem Dampf den Weg öffnen oder sperren sollten. Versäumnisse oder Irrthümer mußten störend eintreten können, man erdachte seitdem Ein=
richtungen, wodurch die Maschine selbst die Arbeit mit großer Sicherheit verrichtet. Die Größe des Widerstandes, welchen die Dampfmaschine zu über=
winden hat, wechselt oft bedeutend. Ein plötzliches Aufhören des Widerstandes würde Veranlassung

werden, daß der Gang der Maschine eine gefähr=
liche Schnelligkeit erhielte; aber sie hat eine lenkende
Einrichtung erhalten, welche auf der Stelle die
Zuströmung des Dampfes vermindert, wenn die
Schnelligkeit steigt, und sie wieder vermehrt, wenn
die Schnelligkeit nachläßt. „Solche Beispiele dürften
Denen wenigstens zur Warnung dienen, welche mit
größter Zuversicht beweisen wollen, daß etwas
unmöglich ist, weil sie nicht begreifen, wie es aus=
geführt werden könne, ein Verfahren, durchaus ver=
schieden von dem, das die Unmöglichkeit einer
Sache aus einem wirklich innern Widerspruch dar-
thut." (S. 47.)

Aus den angeführten Beispielen geht zur Ge=
nüge hervor, daß dem religiösen Bedürfniß nicht
der ihm so wesentliche Glaube an eine weise
Weltregierung durch die Naturwissenschaft geraubt
wird, sondern daß durch sie nur die Vorstellungen
über dieselbe berichtigt und verbessert werden. Die
göttliche Macht und Weisheit, Güte und Gerechtig=
keit wird nicht weggeleugnet, sie wird nur nicht mehr
auf eine kindische Weise personificirt und außer
der Welt in einem erdichteten Himmel thronend vor=
gestellt, sondern als innerweltlich gedacht, ganz
gemäß dem Spruche des Apostels: „In ihm leben,
weben und sind wir." (Apostelgeschichte, 17, 28.)

Wie mit dem religiösen Glauben, so ist es auch mit dem religiösen Trost. Die Naturwissenschaft raubt uns nicht ganz und gar den religiösen Trost, sondern sie setzt nur an die Stelle des falschen, eingebildeten den wahren, unerschütterlichen Trost. Es gibt nämlich ein egoistisches und ein moralisches Trostbedürfniß. Der Egoist macht sein Individuum zum Mittelpunkt des Universums; Eudämonie, Glückseligkeit ist sein höchstes Lebensziel, und darum ist es ihm tröstlich, die Natur, von der Goethe singt:

> — unfühlend
> Ist die Natur:
> Es leuchtet die Sonne
> Ueber Bös' und Gute;
> Und dem Verbrecher
> Glänzen, wie dem Besten,
> Der Mond und die Sterne.
>
> Wind und Ströme
> Donner und Hagel
> Rauschen ihren Weg
> Und ergreifen.   .
> Vorübereilend,
> Einen um den Andern. —

es ist, sagen wir, dem Egoisten tröstlich, diese so blinde und taube, herz= und gemüthlose Natur, die, unbekümmert um das Wohl des Einzelnen, ruhig unb kalt ihren gesetzmäßigen Weg geht, in der Gewalt eines persönlichen, gemüthlichen Gottes zu wissen, der sich durch Gebete und Opfer erflehen läßt, die allgemeinen Naturgesetze zum Wohle des Einzelnen zu durchbrechen und den Schaden, den die fühllose Natur angerichtet hat oder anzurichten droht, auf wunderbare Weise gut zu machen oder abzuwehren.

Daß dieses Trostbedürfniß, weil auf egoistischem, Glückseligkeit zum Lebenszweck machenden Grunde beruhend, unmoralisch sei, braucht wol nicht erst ausführlicher bewiesen zu werden. Wer dem Leben eine höhere, moralische Bestimmung zuschreibt, der wird nur des Trostes bedürfen, daß die physische Weltordnung so beschaffen sei, daß sie der moralischen Bestimmung des Einzelnen und der ganzen Menschheit nicht dauernd entgegen zu wirken vermöge, sondern vielmehr ihr dienen, ihr behülflich und förderlich sein müsse. Kurz, Harmonie der physischen mit der moralischen Weltordnung — diese zu glauben oder zu wissen fodert das moralische Trostbedürfniß. Was aber wäre mehr geeignet, als die Naturwissenschaft, uns jene Harmonie zum Bewußtsein zu bringen? Lehrt sie nicht, daß Uebertretung der Naturgesetze es ist, was den Menschen physisch und moralisch elend macht, ein naturgemäßes Leben hingegen die Grundlage seines physischen und moralischen Wohls bildet? Zeigt sie nicht die Strafen, die der Trägheit, der Unmäßigkeit, der sinnlichen Ausschweifung auf dem Fuße nachfolgen? Stachelt sie nicht den Einzelnen, wie die ganze Menschheit zu einer wohlgeordneten Thätigkeit auf, indem sie lehrt, daß der Natur nicht durch Gebete und Zauberformeln, sondern nur durch Kraft und Intelligenz, die sie ihren Gesetzen gemäß zu behandeln wissen, beizukommen sei? Lehrt ferner die Naturwissenschaft nicht auch die geographischen, klimatischen, physiologischen Bedingungen kennen, unter denen der Mensch am günstigsten seine moralischen Anlagen entwickeln kann, und trägt sie somit nicht auch in dieser Hinsicht zur moralischen Cultur des Menschengeschlechts bei? Ja, weit entfernt, daß die Tugend Einzelner und ganzer Völker durch die fortschreitende Naturwissenschaft gefährdet würde, wird sie vielmehr durch sie aufs wirksamste befördert, und folglich kann Der, welcher dem Leben eine moralische Bestimmung gibt, sich nicht beklagen, daß die Resultate der Naturwissenschaft trostlos seien. Die Tugend bedarf keines andern Trostes, als des Glaubens und der Hoffnung, daß Alles ihr zum Besten dienen müsse, daß es keine Macht gebe, die stark genug sei, ihre Bestrebungen

zu vereiteln. Diesen Trost raubt aber die Naturwissenschaft dem Tugendhaften nicht, sondern ist
vielmehr geeignet, ihn darin zu bestärken und zu
befestigen, indem sie die Wege und Mittel zeigt,
wie der Mensch dazu gelangen kann, sich die feindlichen Naturgewalten zu unterwerfen oder sich ihrem
schädlichen, zerstörenden Einfluß zu entziehen. Die
Naturwissenschaft lehrt freilich nicht, wie mancher
Prediger von der Kanzel, daß Erdbeben, Ueber-
schwemmungen, verheerende Feuersbrünste und epi-
demische Krankheiten unmittelbar von Gott verhängte Strafen für die Sünden der Städte oder
Staaten seien, die dadurch betroffen werden; sie
erklärt vielmehr jene Erscheinungen ganz natürlich aus den bekannten Naturgesetzen und Kräften.
Aber dafür lehrt sie auch nicht durch abergläubische,
unwirksame Ceremonien jene feindlichen Naturgewalten abwenden, sondern durch geeignete, kräftige
Mittel, soweit dieselben in des Menschen Macht
stehen. Während die Erklärung der über einen Ort
hereinbrechenden Naturverheerungen aus der Sünd-
haftigkeit seiner Bewohner leicht zur lieblosen Ver-
dammung führt, ja es eigentlich consequent wäre,
die Sünder der vermeintlich von Gott über sie ver-
hängten Züchtigung zu überlassen; so erweckt dagegen die richtige Naturansicht das thätige Mit-

leiden gegen solche von zerstörenden Naturwir=
kungen Heimgesuchte.

Schon Kant hat, in Beziehung auf die zer=
störenden Naturwirkungen, gezeigt, welche unmo=
ralische Folgen eine falsche Naturauslegung hat.
Er sagt in der Schlußbetrachtung zur Geschichte
des großen Erdbebens von 1755: „Der Anblick so
vieles Elends, als die letztere Katastrophe unter
unsern Mitbürgern gemacht hat, soll die Menschen=
liebe rege machen und uns einen Theil des Un=
glücks empfinden lassen, welches sie mit solcher
Härte betroffen hat. Man verstößt aber gar sehr
dawider, wenn man dergleichen Schicksale jederzeit
als verhängte Strafen ansieht, welche die verheerten
Städte um ihrer Uebelthaten willen betreffen, und
wenn wir diese Unglückseligen als das Ziel der
Rache Gottes betrachten, über die seine Gerechtig=
keit alle ihre Zornstrafen ausgießt. Diese Art des
Urtheils ist ein sträflicher Vorwitz, der sich anmaßt,
die Absichten der göttlichen Rathschläge einzusehen
und nach seinen Einsichten auszulegen. Der Mensch
ist von sich selbst eingenommen, daß er sich lediglich
als das einzige Ziel der Anstalten Gottes ansieht, gleich
als wenn diese kein anderes Augenmerk hätten, als
ihn allein, um die Maßregeln in der Regierung der
Welt danach einzurichten. Wir wissen, daß der ganze

Inbegriff der Natur ein würdiger Gegenstand der göttlichen Weisheit und seiner Anstalten sei. Wir sind ein Theil derselben und wollen das Ganze sein. Die Regeln der Vollkommenheit der Natur im Großen sollen in keine Betrachtung kommen, und es soll sich Alles blos in richtiger Beziehung auf uns anschicken. Was in der Welt zur Bequemlichkeit und zum Vergnügen gereicht, das, stellt man sich vor, sei blos um unsertwillen da, und die Natur beginne keine Veränderungen, die irgendeine Ursache der Ungemächlichkeit für den Menschen werden, als um sie zu züchtigen, zu drohen oder Rache an ihnen auszuüben. Gleichwol sehen wir, daß unendlich viele Bösewichter in Ruhe entschlafen, daß die Erdbeben gewisse Länder von jeher erschüttert haben, ohne Unterschied der alten oder neuen Einwohner, daß das christliche Peru so gut bewegt wird als das heidnische, und daß viele Städte von dieser Verwüstung von Anbeginn befreit geblieben sind, die über jene sich keines Vorzugs der Unsträflichkeit anmaßen können." („Geschichte und Beschreibung der merkwürdigsten Vorfälle des Erdbebens, welches an dem Ende des 1755. Jahres einen großen Theil der Erde erschüttert hat." S. die Gesammtausgabe der Kant'schen Werke von Rosenkranz und Schubert, VI, 266 fg.)

Der hier von Kant so treffend bezeichnete Egois=
mus ist der einzige Grund, warum man die Natur=
wissenschaft anklagt, daß sie dem Menschen den
religiösen Trost raube. Denn der Trost, über dessen
Verlust man die Naturwissenschaft anklagt, ist ein
egoistischer, das Individuum und seine Glückseligkeit
zum Ziel und Mittelpunkt des Universums machender.
Nur weichliche, weibische Genußsucht verlangt eine
gemüthliche Natur, die sich nach den Wünschen und
Zwecken des Einzelnen bequeme. Der mannhafte
Sinn und Geist dagegen fügt sich in den natür=
lichen Lauf der Dinge und sucht ihn nicht durch
übernatürliche Hülfe, sondern durch muthige An=
wendung seiner Kraft und Intelligenz sich dienstbar
zu machen. Er sagt mit Faust:

> Ja, diesem Sinne bin ich ganz ergeben,
> Das ist der Weisheit letzter Schluß:
> Nur Der verdient sich Freiheit wie das Leben,
> Der täglich sie erobern muß.

Mit prometheischem Trotze lacht er der Götter,
die „kümmerlich von Opfersteuern und Gebetshauch
ihre Majestät nähren"; er ist sich bewußt:

> Hast du nicht Alles selbst vollendet
> Heilig glühend Herz?
> Und glühtest jung und gut,
> Betrogen, Rettungsdank
> Dem Schlafenden da droben?

Zu diesem mannhaften Geiste erzieht die Naturwissenschaft, und solange man daher nicht beweisen
kann, daß dieser mannhafte Geist, der auf sich selbst
vertraut, der Menschheit nachtheiliger sei als jener
weichlich genußsüchtige, der übernatürliche Götter-
hülfe beansprucht, so lange wird man auch nicht
nachweisen können, daß die Naturwissenschaft schäd-
licher sei als der religiöse Aberglaube.

„Viele meinen", sagt Oersted, „daß es tröstlicher
für die Menschen sein würde, wenn wir uns unter
der Obhut eines Herrn denken könnten, welcher,
wie man es menschlicherweise ausdrücken könnte,
ein stets waches Auge über uns hätte, als wenn
wir blos auf die ewigen Gesetze des göttlichen
Willens unser Vertrauen setzen sollten; mir scheint
diese Meinung auf einem Misverständniß zu be-
ruhen. Ich will dies durch ein aus irdischen Ver-
hältnissen hergenommenes Beispiel erläutern. Man
denke sich, daß ein Mann, welcher eine Reise
machen will, hinsichtlich des Weges zwischen zwei
verschiedenen Ländern die Wahl hat, dem einen,
wo die persönliche Sicherheit auf weisen Gesetzen
und den gemäßen Einrichtungen beruht, dem andern
dagegen von einer solchen Beschaffenheit, daß es
für den, obgleich weisen, mächtigen und guten
Fürsten eine Unmöglichkeit gewesen war, die Herr-

schaft derselben Gesetze wie in jenem Staate einzuführen, aber daß er bereit ist, diesen Mangel dem Reisenden durch Mitgabe einer starken Wache zu seinem Schutze gut zu machen: in welchem von diesen beiden Ländern wird er hoffen mit größerer Sicherheit zu reisen? Die Anwendung auf die beiden Vorstellungsweisen von der Weltregierung ist leicht." (Bei Kannegießer, S. 53.)

Freilich, solange die Menge noch nicht von naturwissenschaftlicher Welterkenntniß durchbrungen ist, also noch nicht aus der Einsicht in den Zusammenhang der physischen und der moralischen Weltordnung Trost schöpfen kann, wird sie auf den Trost übernatürlicher Hülfe angewiesen sein; aber ist dies ein Grund, die Naturwissenschaft als gefährlich zu verschreien, ist es nicht vielmehr ein Grund, die Unwissenheit der Menge durch Aufklärung über den wahren Zusammenhang der Dinge aufzuheben? Lehret die Menge, wo sie den wahren Trost zu suchen habe, und sie wird des falschen nicht mehr bedürfen. Zeiget ihr, daß der Zweck des Lebens nicht individuelle Glückseligkeit und Genuß, sondern gemeinsame Thätigkeit und Cultur aller in der Menschheit liegenden Kräfte sei, so wird sie nicht in dem Glauben an eine die Natur durchbrechende Macht, sondern in dem Vertrauen auf eigene Kraft und auf Harmonie der physischen mit der moralischen Weltordnung Trost finden. Anstatt das kranke, schwächliche Gemüth durch seiner Schwäche schmeichelnde Glaubenssätze fortzuhätscheln, sollte man es lieber bis zu dem Grade zu stärken suchen, daß es der Krücken abergläubischen Trostes nicht mehr bedarf. Es ist wahr, daß die Naturwissenschaft dem Menschen, solange er noch kleinlich und schwächlich denkt, manchen Trost raubt, den eben der Kleinliche und Schwächliche braucht; aber daraus folgt doch nicht, daß der Mensch fortfahren soll, kleinlich und schwächlich zu denken. Das kranke Gemüth, das der künstlichen Arznei bedarf, soll ja nicht ewig krank bleiben, sondern gesund werden, daß es natürliche Nahrung vertragen könne. Man soll die Schwachen nicht ärgern, aber man soll sie stark machen, damit sie an wissenschaftlicher Wahrheit nicht mehr Aergerniß nehmen.

Der tröstliche Glaube an specielle Providenz, die jeden Einzelnen leitet und behütet, wird von der Naturwissenschaft nicht ganz und gar aufgehoben, sondern nur berichtigt und veredelt. Er bekommt nur einen wahrern, würdigern Sinn, als er in dem gemeinen, rohen Volksglauben hat. In letzterm liegt ihm eine falsche Teleologie zum Grunde, jene Teleologie, die in dem Distichon verspottet ist:

Welche Verehrung verdient der Weltenschöpfer, der
gnädig.
Als er den Korkbaum schuf, gleich auch die
Stöpsel erfand!

Dieser kleinlichen Teleologie gemäß werden dem Weltenregierer Zwecke untergeschoben, die ihn zum Wärter und Wächter über das persönliche, irdische Wohl jedes Einzelnen machen, dem er in allen Nöthen auf wunderbare Weise beispringen muß. Geht z. B. Jemand an einem Hause vorüber, von dem ein tödtlicher Dachstein herunterfällt, so war es göttliche Fügung der speciellen Providenz, die dem Vorübergehenden das Leben rettete. Und in ähnlicher Weise werden die gewöhnlichsten Zufälle des Lebens, die sich aus dem natürlichen Zusammentreffen der Umstände erklären lassen, sobald sie nur eine augenfällige Beziehung auf das Wohl des Individuums haben, als unmittelbare, wunderbare Fügungen Gottes ausgelegt. Daß in unzähligen andern Fällen Individuen von herabfallenden Steinen getödtet worden sind, daran wird nicht gedacht, oder dann wird auch dieses für göttliche Fügung erklärt. Der Eine geht im Feuer oder Wasser zugrunde, der Andere wird durch glückliche Zufälle gerettet und dankt dann der Vorsehung für seine gnädige Rettung. Am meisten

geneigt wird man zu diesem Glauben an specielle
Providenz, wenn das Unglück, von dem man ge=
rettet wird, sehr groß, und die Verkettung der Um=
stände, die zur Rettung beigetragen, sehr auffallend
ist, z. B. wenn ein unschuldig zum Tode Ver=
urtheilter durch ein plötzliches, unerwartetes Ereig=
niß, das seine Unschuld aufdeckt, von dem bereits
über seinem Nacken schwebenden Henkerbeil befreit
wird. Dann müßte man aber die andern Fälle,
in denen Unschuldige wirklich hingerichtet worden
sind, auch als Fügungen specieller göttlicher Provi=
denz ansehen, und dann entstünde die Frage, warum
diese den Einen rettet, den Andern zugrunde
gehen läßt?

Anders die Naturwissenschaft. Diese hat auch
eine Teleologie, aber nicht, wie der egoistische, eudä=
monistische Aberglaube, eine der Gottheit unwürdige,
sie zum Deus ex machina, der jeden Knoten auf
übernatürliche Weise löst, herabsetzende, sondern eine
würdige, der zufolge die innerweltliche Ordnung
der Dinge, der Zusammenhang der physischen Ur=
sachen und moralischen Zwecke, so beschaffen ist,
daß er im Großen und Ganzen dazu dient, auch
das Wohl jedes Einzelnen, und zwar nicht ein
eingebildetes, sondern das wahre Wohl zu befördern.
Auch in der naturwissenschaftlichen Teleologie ist für

den Einzelnen, für das Individuum gesorgt, aber nicht unmittelbar und wunderbar, sondern mittelbar und natürlich, durch die in die physische und mora=lische Welt gelegten Kräfte und Gesetze, welche in ihrem zweckmäßigen Zusammenwirken, indem sie zur Erhaltung und Vervollkommnung der Gattung dienen, mittelbar auch dem Individuum zugute kommen. Was der Einzelne nicht vermag, das vermag die Gattung, in der die schwachen Kräfte jedes Ein=zelnen durch die der Andern ergänzt werden, und was in einer frühern Zeit der Geschichte noch mangelhaft ist, das wird durch die fortschreitende Entwickelung verbessert, und so wächst mit dem Wohle des Ganzen auch das jedes Einzelnen. Die specielle Providenz, die sich des Individuums annimmt, ist keine außer=weltliche, sondern eine innerweltliche. Indem die menschliche Gattung mit solchen intellectuellen und moralischen Kräften ausgestattet ist, daß sie aus dem rohen Naturzustande, in welchem Keiner seines Lebens sicher ist, in den der geordneten Rechts=gesellschaft übergeht und innerhalb desselben mit der fortschreitenden Cultur sich die Natur immer dienstbarer und die geselligen Verbindungen, den Verkehr der Individuen innerhalb eines Staates und der verschiedenen Staaten untereinander, immer ersprießlicher macht, so ist eben damit auch für den Lebenszweck jedes Einzelnen gesorgt. Die Aeltern und Lehrer übernehmen für das Kind, der Staat und die Kirche für den Erwachsenen die specielle Providenz. Ueberdies ist auch jedes Individuum schon von Natur mit denjenigen physischen, intellectuellen und moralischen Kräften ausgestattet, daß es sich durch thätige Anwendung derselben selbst providiren kann. Wer noch eine andere als diese natürliche, wer eine übernatürliche, wunderbare Providenz für sich beansprucht, der ist entweder ein Egoist, oder er ist zu unwissend, um einzusehen, wie viel die Vorsehung auf natürlichem Wege für ihn gethan hat.

Ist es nicht in Wahrheit tröstlicher zu wissen, in der Menschheit sei so viel unvertilgbare Gerechtigkeitsliebe und Mitleid, daß sie dem Unschuldigen zu seinem Recht, dem Bedürftigen aus seiner Noth helfen wird, als zu glauben, Gott werde zur Rettung des Einzelnen einen Engel vom Himmel senden? Ja, nicht blos tröstlicher, sondern auch nützlicher ist jenes, als dieses. Was schadet's, fragt Daja in Lessing's „Nathan":

Was schadet's — Nathan, wenn ich sprechen darf —
Bei alledem, von einem Engel lieber
Als einem Menschen sich gerettet denken?
Fühlt man der ersten unbegreiflichen

Urſache ſeiner Rettung nicht ſich ſo
Viel näher?

Hierauf Nathan:

Stolz! und nichts als Stolz! Der Topf
Von Eiſen will mit einer ſilbern Zange
Gern aus der Glut gehoben ſein, um ſelbſt
Ein Topf von Silber ſich zu dünken. — Pah! —
Und was es ſchadet, fragſt du? was es ſchadet?
Was hilft es? dürft' ich nur hinwieder fragen. —
Denn dein „Sich Gott um ſoviel näher fühlen‟
Iſt Unſinn oder Gottesläſterung. —
Allein es ſchadet; ja, es ſchadet allerdings. —
Kommt! hört mir zu. — Nicht wahr? Dem Weſen, das
Dich rettete, — es ſei ein Engel oder
Ein Menſch, — dem möchtet ihr, und du beſonders,
Gern wieder viele große Dienſte thun? —
Nicht wahr? — Nun, einem Engel, was für Dienſte,
Für große Dienſte könnt ihr dem wol thun?
Ihr könnt ihm danken; zu ihm ſeufzen, beten;
Könnt in Entzückung über ihn zerſchmelzen;
Könnt an dem Tage ſeiner Feier faſten,
Almoſen ſpenden. — Alles nichts. — Denn mich
Deucht immer, daß ihr ſelbſt und euer Nächſter
Hierbei weit mehr gewinnt als er. Er wird
Nicht fett durch euer Faſten; wird nicht reich
Durch eure Spenden; wird nicht herrlicher
Durch eu'r Entzücken; wird nicht mächtiger
Durch eu'r Vertraun. Nicht wahr? Allein ein Menſch!

Wie abergläubiſche Erwartung übernatürlicher
Hülfe das Aufſuchen der natürlichen vernachläſſigen

läßt, so macht abergläubische Auslegung der natür=
lich erlangten Hülfe undankbar gegen Die, denen
der Dank gebührt. Und dies ist der Schaden der
falschen Auffassung göttlicher Providenz.

Doch wollen wir auch nicht leugnen, daß die
ungläubige Naturauffassung nicht minder schädlich
sei als die abergläubische. Während letztere
nur eine falsche Teleologie hat, so ist es der
Fehler jener, gar keine Teleologie zu haben, alle
Zweckursachen aus der Welt wegzuleugnen und die
Ordnung der Welt nur mechanisch= oder chemisch=
atomistisch zu erklären. Eine solche Naturauffassung
ist allerdings trostlos, denn sie läßt nicht nur keinen
Platz für eine außerweltliche, sondern auch keinen
für eine innerweltliche Weisheit, Gerechtigkeit
und Güte. Von diesen Eigenschaften kann nur da
die Rede sein, wo die Materie und die blind wir=
kenden Kräfte im Dienste von Zwecken stehen, die
sie beherrschen und sie in diejenige Ordnung bringen,
die wir eben im Weltbau bewundern. Wo aber
allein die wirkenden Ursachen ohne alle Zweck=
ursache, wo mechanische und chemische Anziehung
und Abstoßung allein die Herren der Welt sind,
da waltet ein blindes Fatum, eine starre Noth=
wendigkeit, eine kalte, rücksichtlose Gesetzmäßigkeit,
die unter Umständen das ganze zweckmäßige Welt-

gebäude ebenso wieder ins Chaos zurückstürzen kann, wie aus dem Chaos seine jetzige, wohlgeordnete Verfassung hervorgegangen ist. Eine solche Ansicht würdigt die Welt herunter, wie die abergläubische die Gottheit herunterwürdigt. Nicht nur das Individuum, sondern auch die ganze menschliche Gattung kann sich nach jener Ableitung ihres Daseins aus Stoffcombination und Stoffmetamorphose keinen sonderlichen Werth beilegen. Sie sinkt auf die Stufe der unorganischen Natur hinab. Denn ihre Existenz ist jener Auffassung nach nicht Zweck, sondern nur Resultat, Ergebniß der zwecklos wirkenden Naturursachen. Erhalten diese einst einen andern Lauf, eine andere Richtung, so hat es mit aller menschlichen Herrlichkeit ein Ende, wie mit den antediluvianischen Thieren. Ob dann eine bessere, vollkommenere Welt an die Stelle der untergegangenen, zertrümmerten tritt, das wissen die Götter, das hängt von Stoffcombination und Stoffmetamorphose ab, und so in infinitum.

Man braucht diese Ansicht nur auszusprechen, um ihre Absurdität zu fühlen. Auf unwiderleglichen wissenschaftlichen Gründen beruht sie nicht, sondern auf jener Gedankenlosigkeit, für die, was sie nicht mit Augen sieht oder mit Händen greifen kann, nicht existirt. Zweckursachen lassen sich nicht sehen, nicht tasten, also sind sie nicht, — das ist die ganze Basis des materialistischen mechanisch=chemischen Naturalismus. Und doch hat derselbe bisjetzt noch nicht einmal ein Blatt, noch nicht eine Raupe, geschweige einen Menschen aus den Gesetzen und Kräften des unorganischen Stoffs abzuleiten vermocht. Die Chemie kann die organisirten Wesen wol in ihre unorganischen Bestand=theile zerlegen, aber sie wieder aus denselben auf=zubauen vermag sie nicht. Schon Kant hat auf den gewaltigen Unterschied aufmerksam gemacht, der zwischen dem mechanischen Bau der Himmelskörper und dem organischen Bau einer Raupe stattfindet. „Mich dünkt", sagt er, „man könne in gewissem Ver=stande ohne Vermessenheit sagen: gebt mir Ma=terie, ich will eine Welt daraus bauen! Das ist, gebt mir Materie, ich will euch zeigen, wie eine Welt daraus entstehen soll. Denn wenn Materie vorhanden ist, welche mit einer wesentlichen Attractionskraft begabt ist, so ist es nicht schwer, diejenigen Ursachen zu bestimmen, die zu der Ein=richtung des Weltsystems, im Großen betrachtet, haben beitragen können. Man weiß, was dazu gehört, daß ein Körper eine kugelrunde Figur er=lange; man begreift, was erfodert wird, daß frei=schwebende Kugeln eine kreisförmige Bewegung um den Mittelpunkt anstellen, gegen den sie gezogen werden. Die Stellung der Kreise gegeneinander, die Uebereinstimmung der Richtung, die Excentricität, Alles kann auf die einfachsten und mechanischen Ursachen gebracht werden, und man darf mit Zuversicht hoffen, sie zu entdecken, weil sie auf die leichtesten und deutlichsten Gründe gesetzt werden können. Kann man aber wol von den geringsten Pflanzen oder einem Insekte sich solcher Vortheile rühmen? Ist man im Stande zu sagen: gebt mir Materie, ich will euch zeigen, wie eine Raupe erzeugt werden kann? Bleibt man hier nicht bei dem ersten Schritte, aus Unwissenheit der wahren innern Beschaffenheit des Objects und der Verwickelung der in demselben vorhandenen Mannichfaltigkeit, stecken? Man darf es sich also nicht befremden lassen, wenn ich mich unterstehe zu sagen: daß eher die Bildung aller Himmelskörper, die Ursache ihrer Bewegungen, kurz, der Ursprung der ganzen gegenwärtigen Verfassung des Weltbaus werden können eingesehen werden, ehe die Erzeugung eines einzigen Krauts oder einer Raupe aus mechanischen Gründen deutlich und vollständig kund werden wird." („Naturgeschichte des Himmels", in der Gesammtausgabe der Kant'schen Werke von Rosenkranz und Schubert, VI, 53 fg.) Kant spricht an einem anbern Orte der Naturwissenschaft nicht die Befugniß ab, auf eine blos mechanische Erklärungsart aller Naturprobucte auszugehen, allein daß es ihr gelingen werde, damit auszulangen, das bezweifelt er. Mit dem mechanischen Verfahren läßt sich nach ihm zur Erklärung der Dinge als Naturzwecke gar nichts ausrichten, mithin sei die Beurtheilung solcher Probucte jederzeit von uns zugleich einem teleologischen Principe unterzuordnen. Damit der Naturforscher nicht auf reinen Verlust arbeite, so muß er nach Kant in Beurtheilung der Dinge, deren Begriff als Naturzwecke unbezweifelt gegründet ist (organisirter Wesen), immer eine ursprüngliche Organisation zum Grunde legen, welche den Mechanismus selbst benutzt, um andere organisirte Formen hervorzubringen oder die seinige zu neuen Gestalten zu entwickeln. Die Uebereinkunft so vieler Thiergattungen in einem gewissen gemeinsamen Schema, das nicht allein in ihrem Knochenbau, sondern auch in der Anordnung der übrigen Theile zum Grunde zu liegen scheint, wo bewundernswürdige Einfalt des Grundrisses durch Verkürzung eines und Verlängerung anderer, durch Einwickelung dieser und Auswickelung jener Theile, eine so große Mannichfaltigkeit von Species hat hervorbringen können, läßt, wie Kant sagt, zwar einen Strahl von Hoffnung ins Gemüth fallen, daß hier wol etwas mit dem mechanischen Erklärungsprincip der Natur auszurichten sein möchte, aber er nennt selbst diesen Strahl einen „schwachen". Die Analogie der Formen, die bei aller Verschiedenheit einem gemeinschaftlichen Urbilde gemäß erzeugt zu sein scheinen, verstärke zwar die Vermuthung einer wirklichen Verwandtschaft derselben in der Erzeugung von einer gemeinschaftlichen Urmutter, und hier stehe es dem Archäologen der Natur frei, aus den übriggebliebenen Spuren der ältesten Erdrevolutionen, nach allem ihm bekannten oder gemuthmaßten Mechanismus derselben, jene große verwandtschaftliche Familie von Geschöpfen entstehen zu lassen. Er kann den Mutterschoos der Erde, die eben aus ihrem chaotischen Zustande herausging (gleichsam als ein großes Thier), anfänglich Geschöpfe von minder zweckmäßiger Form, diese wiederum andere, welche angemessener ihrem Zeugungsplatze und ihrem Verhältnisse untereinander sich ausbildeten, gebären lassen, bis diese Gebärmutter selbst erstarrt, sich verknöchert, ihre Geburten auf bestimmte, fernerhin nicht ausartende Species eingeschränkt hätte, und die Mannichfaltigkeit so bliebe, wie sie am Ende der Operation jener fruchtbaren Bildungskraft ausgefallen war. „Allein",

fügt Kant hinzu, „er muß gleichwol zu dem Ende
dieser allgemeinen Mutter eine auf alle diese Geschöpfe zweckmäßig gestellte Organisation beilegen,
widrigenfalls die Zweckform der Producte des Thier-
und Pflanzenreichs ihrer Möglichkeit nach gar
nicht zu denken ist." („Kritik der Urtheilskraft"
in der Gesammtausgabe von Rosenkranz und Schubert, IV, 311 fg.)

Ist aber die Natur nicht ohne ein innerlich
zweckmäßig bildendes Princip zu denken, und bringt
die besonnene Naturwissenschaft dieses zum Bewußtsein, so ist klar, daß die Klagen, die Naturwissenschaft führe zum Unglauben, nur die falsche, unbe-
sonnene, nicht aber die echte, philosophische Naturwissenschaft treffen können. Mit der Teleologie
sind auch die wahren religiösen Interessen
gerettet. Denn diese fodern nur, die Welt und das
Menschenleben nicht einem blinden Ungefähr oder
einem zwecklosen Fatum entsprungen und preisge-
geben zu denken, sondern einen Zweck als das
ihnen zugrunde liegende Princip, eine Endursache,
die die wirkenden Ursachen beherrscht, anzunehmen. Der Glaube, daß das Zweckprincip der Welt
außer der Welt, in einem extramundanen Gott,
der auf übernatürliche Weise von außen in das
innere Getriebe der Welt einwirke, seinen Sitz habe,

— dieser Glaube mag für gewisse Zeiten nothwendig gewesen sein; denn, wo der Mensch noch nicht gebildet genug ist, das weltschöpferische und weltregierende Princip als ein innerweltliches zu erkennen, da muß er es außerhalb irgendwo annehmen. Aber für unsere Zeit ist jener kindliche und kindische Glaube im Allgemeinen, — wenn auch noch für viele Einzelne, die von der heutigen Naturanschaunng noch nicht durchdrungen sind, nothwendig, — kein religiöses Bedürfniß mehr. Uns genügt es, zu wissen, daß wir nicht zwecklos da sind, und daß die Welt kraft des ihr inwohnenden Verstandes so eingerichtet ist und so regiert wird, daß wir jedenfalls unsern Zweck erreichen werden. Nur müssen wir freilich den Zweck unsers Daseins nicht egoistisch in sinnliches Wohlsein, in physische Eudämonie setzen, sondern in intellectuelle und moralische Cultur. Zu jenem egoistischen Zweck paßt die Weltordnung schlecht, sie scheint es nicht auf individuelle Glückseligkeit angelegt zu haben; aber zu diesem moralischen paßt sie sehr gut; denn Stoff zur Erkenntniß und zu guten Handlungen gibt es immer; nur das Glück ist ungewiß und wandelbar, ist launenhaft und mitunter grausam.

. . . . das Glück
Tappt unter die Menge,

Faßt bald des Knaben
Lockige Unschuld,
Bald auch den kahlen,
Schuldigen Scheitel.

Goethe.

Kästner hat in einer Beantwortung der von der königl. preußischen Akademie der Wissenschaften für das Jahr 1751 gestellten Preisfrage: „Zu welchen Pflichten uns die Erkenntniß verbinde, daß in der Welt kein blinder Zufall stattfinde, sondern Alles von der göttlichen Vorsicht regiert werde", die praktische Nothwendigkeit des Glaubens an eine Versehung nachgewiesen. (S. Kästner's „Vermischte Schriften", Altenburg 1755.) „Sollten denn", sagt er, „Beide einerlei Pflichten haben, Derjenige, der einen sehenden und Alles nach ewigen Gesetzen regierenden Gott, und Derjenige, der ein blindes, unstetes Glück anbetet? Wie elend sind wir nicht, wenn es nur ein blindes Glück ist, unter dem wir stehen, das meistens die Einrichtung unsers ganzen Lebens bestimmt, die weislichst gefaßten Anschläge stört, und auch des Standhaftesten Kräfte durch unüberwindliche Hindernisse matt macht. Sollen wir an Gebäuden arbeiten, die ein leichter Wind, wenn wir den Gipfel aufsetzen wollen, plötzlich umstürzen kann? Ja! wir müssen Unternehmungen beschließen, Alles wohl überlegen, was in unserer

7*

Gewalt ist, allen Fleiß anwenden, und den Aus=
gang selbst nicht dem Zufalle, sondern der Vor=
sehung überlassen." Aber dieser zum folgerechten
Handeln nothwendige Glaube an Vorsehung wird
dem Gläubigen durch die Naturwissenschaft nicht
geraubt. Denn in der naturwissenschaftlichen Te=
leologie ist auch der Mensch mit seinen Zwecken
als ein nothwendiges Glied des Universums mit
eingeschlossen. Wie die Natur mit den untergeord=
neten Gattungen, so wird sie sicher auch mit dem
Menschen, zu dem sie ja in allen ihren Bildungen
auf Erden stufenweise anstrebt, ihren Zweck errei=
chen. Der Mensch ist also auch nach der Natur=
wissenschaft kein zweckloses Product des blinden Zu=
falls, sondern sein Leben hat einen Sinn und Zweck,
und nicht blos die Gattung, sondern auch jeder Ein=
zelne mit seiner besondern Begabung ist Zweck der
Natur, denn die Individuen der Menschengattung
sind nicht, wie die einer Heerde von Thieren, Alle
einander gleich, sondern haben Individualcharakter,
specielle Begabung, durch die sie einander ergän=
zen. Die wahre Naturwissenschaft muß also auch
dem Leben jedes Einzelnen einen innern Zweck zu=
schreiben.

Der ganze Unterschied zwischen dem durch Natur=
wissenschaft gebildeten und dem noch ungebildeten

Glauben kann daher nicht darin bestehen, daß jener die Vorsehung gänzlich leugnet, sondern nur darin, daß er eine andere und zwar würdigere Vorstellung von derselben hat, als letzterer. Der rohe, unwissenschaftliche Glaube stellt sich nämlich die göttliche Vorsehung anthropomorphistisch, als eine außerweltliche, persönlich willkürliche vor, der wissenschaftliche Glaube hingegen erfaßt sie als eine innerweltliche, der physisch und moralisch gesetzlichen Ordnung der Dinge inwohnende.

——— ———

Den Begriff der Vorsehung hält mit uns auch Schleiden für den wesentlichsten der Religion; aber Schleiden geht offenbar zu weit, indem er, in seinem Vortrag über Swedenborg und den Aberglauben, der Naturwissenschaft die Macht abspricht, vom Aberglauben zu befreien. „Ich lege“, sagt er, „hohen Werth auf Naturwissenschaft, aber ich spreche in vollster Ueberzeugung die Behauptung aus: die Naturwissenschaften haben uns nicht vom Aberglauben befreit und werden es nie thun, weil sie dazu völlig unfähig sind, ihre Aufgabe eine ganz andere ist.“ („Studien“, S. 197.) Schleiden kommt zu dieser paradoxen Behauptung dadurch, daß er zwischen Aberglauben und Religion keinen wesentlichen Unterschied macht, sondern das religiöse Bedürfniß als Quelle des Aberglaubens betrachtet. Schleiden's Begründung ist folgende: Kein Mensch, dem nicht ein wunder= licher Mißgriff der Natur an die Stelle des Her= zens ein Compendium der Metaphysik gelegt hat, kann in der abstracten Idee Gottes, in der bloßen Ueberzeugung der Wahrheit dieser Idee Trost, Be= ruhigung und innern Frieden finden. Nicht der Glaube, daß es einen Gott, eine Unsterblichkeit, ein Jenseits und darin ein freies Reich der Geister gibt, ist es, was den Menschen erhebt über den sinnlosen Kampf todter Massen und Kräfte um ihn her, son= dern die Ueberzeugung ist es, daß Gottes lichte Himmelswelt nicht in der That von der uns um= gebenden Welt verschieden sei, sondern nur unserer menschlichen beschränkten Auffassung verschieden er= scheine. Es genügt nicht, sich auf eine ferne Zu= kunft im Jenseits zu vertrösten; wir haben das un= abweisbare Bedürfniß, die Welt des Geistes, die Welt Gottes um uns her zu erkennen, beständig in ihr zu leben, uns von ihr getragen, von ihr über die todte Naturgesetzlichkeit hinausgehoben zu wissen. Nicht die „absolute Realität" der Logik, sondern der liebende Vater im Himmel ist der starke Stab des schwachen Menschen, nicht die „absolute Ursache" der Metaphysik, sondern der Glaube an eine all=

gegenwärtige, gütige und weise Vorsehung gibt uns Trost bei den zur Verzweiflung führenden Spielen des Zufalls.

„Nun aber", fährt Schleiden fort, „bleiben Gott, Unsterblichkeit, freie Gemeinschaft der Geister dem Menschen stets ein Unbegreifliches, seiner Einsicht Ueberlegenes; aber weil das Gemüth des Menschen nicht sein kann, ohne dieses Unbegreifliche sich nahe zu wissen, es auszusprechen, es überall zu erkennen, so muß er sich für dasselbe begreifliche Zeichen wählen, welche unter einem Bilde ihm das Unbegreifliche erfaßbar machen. Diese Bilder sind die Symbole, in ihnen bewegt sich unser ganzes religiöses Leben. So sind wir Menschen gezwungen, durch die unabweisbaren Anforderungen unsers Herzens jeder Erscheinung in Natur und Menschenleben eine höhere Bedeutung unterzulegen, hinter ihr etwas Besseres als planverständliche Naturgesetzlichkeit zu suchen. Wir leugnen nicht, daß die Begebenheiten nach gesetzmäßiger Folge von Ursache und Wirkung sich ereignen, aber wir leugnen, daß sie in dieser Auffassung ihre ganze Bedeutung, ihr wahres Wesen enthalten. Wir leugnen nicht, daß der wissenschaftlichen Auffassung nach das zeitlich oder örtlich Bestimmte eines Ereignisses nur der Zufälligkeit ma thematischer Zusammensetzung angehöre, aber wir behaupten eben auch, daß dies eine mangelhafte menschliche Ansicht sei, daß in der That Plan und Absicht, die Weisheit und die Liebe Gottes die Ereignisse leite und verknüpfe."

Hier nun, behauptet Schleiden, sei dem Aberglauben schon Thor und Thür geöffnet, oder, um es wissenschaftlich auszudrücken, von dieser nothwendigen Symbolisirung der Ideen, damit sie der religiös-ästhetischen Gefühlsstimmung im Leben dienen können, bis zu den furchtbarsten Erscheinungen des Aberglaubens im finstersten Mittelalter, sei nur ein stetiger Fortschritt in einem und demselben Gebiete des menschlichen Geisteslebens. „Alles Positive in der Religion ist so gut Aberglaube, als die Astrologie, Beides hat nur Eine und eine nothwendige Quelle in derselben Eigenthümlichkeit menschlich beschränkter Vernünftigkeit, die das Uebersinnliche sich nicht ohne sinnliche Einkleidung zu vergegenwärtigen vermag und bei der Betrachtung der sinnlich gegebenen Natur das dahinter stehende Uebersinnliche ahnt und demgemäß die Natur zu deuten sucht. Wir können hier nicht den Glauben vom Aberglauben trennen, denn der Glaube als abstracte philosophische Ueberzeugung ist leer und todt, der lebendig werdende Glaube im religiösen Gefühl ist selbst aber nur dem Grade, nicht dem Wesen nach von Dem verschieden, was jeder Gebildete als verderblichen Aberglauben verwirft, und wir haben keine Scala, an welcher wir die Grenze vom erlaubten Grad zum unerlaubten ablesen könnten."

Deshalb, folgert Schleiden, sei nicht sowol die Naturwissenschaft, als vielmehr philosophische Aufklärung und geläuterter ästhetischer Geschmack Gegenmittel gegen den Aberglauben. Denn das religiöse Gebiet sei den Naturwissenschaften ganz unzugänglich; letztere hätten es nur mit der sinnlichen, die Religion dagegen mit der übersinnlichen Welt zu thun. „Wir geben", sagt Schleiden, „der Naturwissenschaft die Gültigkeit der Naturgesetze zu, behaupten aber, daß noch etwas Höheres in der Natur liege, was, keiner wissenschaftlichen Behandlung fähig, nur dem religiösen Gefühl sich offenbare und deshalb durchaus der Naturwissenschaft, sowol in der Bejahung als Verneinung, unzugänglich sei." („Studien", S. 199—204.)

Diesen Dualismus, wie ihn Schleiden hier aufstellt, können wir nicht anerkennen. Es ist zwar richtig, daß zwischen dem Sinnlichen und Uebersinnlichen oder dem Physischen und Metaphysischen ein großer Unterschied sei; aber falsch ist es, daß die fortschreitende Kenntniß vom Sinnlichen, Physischen, von keinem Einfluß sei auf die Vorstellungen vom Uebersinnlichen, Metaphysischen. Die abergläubischen Vorstellungen vom Uebersinnlichen haben keineswegs eine blos praktische Quelle, im religiösen Bedürfniß, sondern auch eine theoretische, in der Unwissenheit. Da nun aber das Wissen nicht ohne Einfluß auf den Willen ist, so muß natürlich mit der fortschreitenden Naturerkenntniß auch die religiöse Willensrichtung eine bessere, edlere werden. Das religiöse Bedürfniß der Menschen wird, das ist ganz richtig, durch Naturwissenschaft nicht beseitigt; aber es ändert sich .mit dem Fortschritt derselben. Das Dasein der Vorsehung wird z. B. immer Bedürfniß der Menschheit bleiben; aber seitdem erkannt ist, daß die Natur nicht um des Einzelnen willen ihren Lauf und ihre Ordnung durchbricht, sondern streng gesetzmäßig ihren Gang geht, ob auch der Einzelne unter ihrem schonungslosen Tritte zermalmt wird, und daß es keine Götter und Geister gibt, sie in ihrem Laufe aufzuhalten, sucht und findet das religiöse Bedürfniß die Vorsehung in etwas ganz Anderm, als in jener übernatürlichen Wunder- und Zaubermacht, worin sie der Aberglaube suchte und fand.

Wenn Schleiden wahre Philosophie und echte Poesie, nicht aber Naturwissenschaft als wirksames Gegenmittel gegen den Aberglauben betrachtet, so ist zu bemerken, daß nur solche Philosophie wahr, und nur solche Poesie echt sein können, die selbst sich durch den Fortschritt der Naturwissenschaft von den Schlacken des Vorurtheils und der Geschmack= losigkeit gereinigt haben. Philosophie und Poesie leiden anfangs ebenso von falscher und mangelhaf= ter Naturerkenntniß, werden ebenso durch dieselbe entstellt, wie die Religion. Es kann auch nicht anders sein. Denn von der Erkenntniß der Er= scheinungen hängt die Erkenntniß des Wesens der Dinge ab, mit jener schreitet auch diese fort. Solange die naturwissenschaftliche Erkenntniß des gesetzmäßigen Zusammenhanges der Erscheinungen fehlte, wie konnte da die Poesie anders als mytho= logisch, die Religion anders als abergläubisch, die Philosophie anders als voll grundloser Hypothesen sein? Ueber die Abhängigkeit der Metaphysik von der Physik werden wir noch im letzten Abschnitt Näheres sagen. Die Abhängigkeit des Fortschritts der Poesie und Religion von dem der Naturwissen= schaft, also der Physik im weitesten Sinne des Worts, glauben wir im Bisherigen genugsam dargelegt zu haben.

Wem es um eine poetische Darstellung des Umschwungs, den die moderne Naturwissenschaft im Glauben hervorbringt, zu thun ist, dem empfeh len wir besonders das neunte Buch in Wilhelm Jordan's „Demiurgos", einer großartigen Dichtung, wo der Gegensatz der alten und neuen Weltanschauung und die Macht, mit der die Naturwissenschaft „der Satzung Fundament" zerstört, auf eine kräftig schöne Weise ausgedrückt ist. (II, 133 fg.)

III.

Einfluß der Naturwissenschaft

auf

die Moral.

Der Theismus gibt zwar der Moral eine Stütze, jedoch eine von der rohesten Art, ja eine, durch welche die wahre und reine Moralität des Handelns im Grunde aufgehoben wird. Der Gott nämlich, welcher anfangs der Schöpfer war, tritt zuletzt als Rächer und Vergelter auf. Rücksicht auf einen solchen kann allerdings tugendhafte Handlungen hervorrufen: allein diese werden, da Furcht vor Strafe oder Hoffnung auf Lohn ihr Motiv ist, nicht rein moralisch sein; vielmehr wird das Innere einer solchen Tugend auf klugen und wohl überlegenten Egoismus zurücklaufen.

Arthur Schopenhauer.

Es ist aus der Geschichte hinlänglich bekannt, welche unmoralische Folgen ein falscher Glaube haben kann. Intoleranz und Fanatismus haben die heiligsten Menschenrechte, die ersten und unerläßlichsten Pflichten gegen Mitmenschen mit Füßen getreten und haben dabei noch gemeint, Gott einen Dienst zu erweisen. Blutige Menschenopfer sind gebracht worden, um den Willen der eingebildeten Götter zu besänftigen*), unmenschliche Religionskriege haben

---

*) Soll doch selbst noch Themistokles, am Morgen der Schlacht bei Salamis, genöthigt gewesen sein, ein Menschenopfer zu bringen. Als das berühmte Seetreffen beginnen sollte, in welchem die Griechen unter Anführung des Themistokles den Xerxes schlugen, und Alles wegen des Ausgangs in der ängstlichsten Erwartung war, wollte Themistokles, der Gewohnheit gemäß, auf seinem Schiffe vorher opfern. Während des Opfers brachte man ihm drei gefangene Jünglinge, von schöner Gestalt, in prächtiger Kleidung, Verwandte des persischen Königs. In dem Augenblicke,

ganze Länder verheert, und kurz, es gibt keine Gräuel, mit denen sich religiöser Wahn nicht befleckt und durch die er nicht den einfachsten Foderungen der Moral Hohn gesprochen hätte, — ein Beweis, daß Moral und religiöser Glaube keineswegs so unabhängig voneinander sind, als Manche meinen.

Die Moral hat bekanntlich eine objective und eine subjective Seite, d. h. sie bestimmt ebenso die Gegenstände des Wollens und Handelns, als

---

da diese Gefangenen in den Kreis der Versammlung traten, die um den Altar herumstand, schlug das Opfer in eine helle Flamme auf, und rechter Hand nießte einer der versammelten Griechen. Dieses schnelle Zusammentreffen günstiger Vorbedeutungen begeisterte den Wahrsager Euphrantibes, der zugegen war, zu dem schrecklichen Ausspruche, das Treffen würde für die Griechen glücklich ablaufen, wenn Themistokles die drei gefangenen Jünglinge sogleich dem Bacchus opfern wolle. Themistokles erstaunte über den unmenschlichen Befehl und trug Bedenken, ihn auszuführen. „Aber der Pöbel", sagt Plutarch, „der bei großen Gefahren und in bedenklichen Umständen immer lieber auf ungeheure Dinge rechnet, als auf vernünftige Anstalten, fing an den Namen der Gottheit auszurufen, führte die Gefangenen zum Altar und zwang seinen Anführer, das Opfer vollenden zu lassen, wie der Wahrsager es befohlen hatte.", (S. Plutarch's Lebensbeschreibung des Themistokles.)

die Gesinnung und Motive, denen sittlicher Werth beizulegen sei.

In beiden Rücksichten nun steht die Moral unter dem Einfluß des religiösen Glaubens. Ein religiöser Wahnglaube verleitet nicht nur zu unsittlichen Bestrebungen und Handlungen, sondern flößt auch unsittliche Motive ein. Ein wahrer, mit der Moral verträglicher Glaube kann nur derjenige sein, der nicht blos gute Bestrebungen und Handlungen, sondern dieselben auch aus sittlichen Motiven zur Folge hat. Selbst wenn ein Glaube objectiv keine bösen, unnatürlichen und unmenschlichen Handlungen sanctionirt, aber zu den guten Werken schlechte Motive beibringt, ist er noch, wenigstens von der subjectiven Seite, als Wahnglaube zu betrachten. Wer das Rechte und Gute nicht aus Liebe zum Rechten und Guten, sondern weil es von übernatürlichen, übermächtigen Wesen geboten ist, die die Erfüllung des Gebotes belohnen, die Uebertretung strafen, will und thut, auch Den müssen wir noch als im Wahnglauben befangen erklären; denn er wird zum Sittlichen aus unsittlichen Motiven bestimmt.

Hieraus ergibt sich das Verhältniß der Naturwissenschaft zur Moral. Die Anklage, daß die Naturwissenschaft zur Immoralität führe, könnte nur dann gerechtfertigt sein, wenn bewiesen wäre, daß sie gleich dem religiösen Wahnglauben zu unsittlichen Bestrebungen und Handlungen verführe, sowie daß sie unsittliche Motive einflöße. Läßt sich aber von Beidem gerade das Gegentheil nachweisen, läßt sich zeigen, daß gerade die Fortschritte der Naturwissenschaft es sind, die den Menschen von jenem Wahnglauben befreien, der in objectiver und subjectiver Beziehung Immoralität zur Folge hat, so fällt eben damit die Anklage in ihrer Nichtigkeit zusammen, oder sie bleibt nur noch für eine Art von Naturwissenschaft übrig, die, als von den Regeln und Gesetzen der strengen Wissenschaft abweichend, dieses Namens nicht würdig ist.

Der Beweis aber, daß die echte, wahre Naturwissenschaft weder in objectiver noch in subjectiver Beziehung die Moral gefährdet, ist nicht schwer zu führen. Man braucht eben nur zu zeigen, wie sie die Menschheit von jenem Wahnglauben befreit, der sowol in Rücksicht der Bestrebungen und Handlungen, als der Gesinnung und Motive, Unsittlichkeit zur Folge hat.

Die oben schon erwähnten blutigen Menschenopfer und Religionskriege, die Gräuel des Fanatismus und der Intoleranz, — woburch sind sie hervorgerufen worden, wenn nicht durch jenen Wahnglauben, der Götter als willkürliche Machthaber über die Natur anbetet und diese Götter auf die gemeinste Weise anthropomorphisirt, indem er ihnen menschliche Leidenschaften und Schwächen zuschreibt, sie als hab= und ehrsüchtig, neidisch und zornig sich vorstellt? Wer anders aber hat diese falschen Göt=ter vom Throne gestürzt und aus dem Himmel ver=jagt, als die Naturwissenschaft, die Astronomie?

Franz Volkmar Reinhard hat in seinem lesens=werthen psychologischen Versuch „Ueber das Wun=derbare und die Verwunderung" (Wittenberg und Zerbst 1782) gezeigt, zu welchen unnatürlichen und unmenschlichen Handlungen dumme, unwissende Ver=wunderung führen kann. „Wer", sagt er, „es ver=steht, den großen Haufen auf eine Art in Ver=wunderung zu setzen, wobei er entweder in Furcht geräth oder große Vortheile erwartet, oder wenig=stens gerührt und zu einer starken Theilnehmung an fremden Schicksalen gereizt wird, der kann ihn lenken, wie er will; er kann den Muth desselben niederschlagen und wieder anfeuern; er kann ihn in eine Bewegung und Heftigkeit setzen, durch welche die wichtigsten Veränderungen entstehen. Die Ge schichte ist voll von solchen wilden Ausschweifungen; und so oft sie Nachrichten von einer ungemeinen Wuth des Pöbels oder von einer außerordentlichen

Muthlosigkeit desselben enthält, so wird die Ursache
davon gemeiniglich etwas Wunderbares, irgend
ein Wunderzeichen, eine unvermuthete Sonnen- oder
Mondfinsterniß, eine Weissagung irgend eines Enthu-
siasten oder sonst etwas sein, was durch seine unbegreifliche Natur das Staunen der unwissenden
Menge erwecken und die Leidenschaften derselben
empören könnte."

Als ein besonders hervorstechendes Beispiel führt
Reinhard die Kreuzzüge an. „Der heilige Schwin-
del", sagt er, „der am Anfang des 12. Jahrhunderts
fast den ganzen Occident ergriff, und die außerordentliche Schwärmerei, in die ein einziger Enthu-
siast soviel große Nationen zu versetzen vermochte,
sind an sich selbst so unerhört und fremd, und in
ihren Folgen so wichtig und merkwürdig, daß man
aus der ganzen Geschichte nichts anführen kann,
was die unglaubliche Gewalt des Wunderbaren bei
rohen und ungebildeten Gemüthern deutlicher ins
Licht setzen könnte. Diese Gewalt hat auch größ-
tentheils die unmenschlichen Religionskriege
mit allen ihren Gräueln veranlaßt, welche die
Schande des menschlichen Verstandes und Herzens
sind. Gemeiniglich setzten blutgierige Priester den
unwissenden Haufen durch das Fremde und Pa-
radoxe in Erstaunen, das in den Meinungen der

Ketzer nach ihrer Empfindung sich fand; und standen ihnen entweder Wunder zugebote, die Wuth des Pöbels gegen die vermeinten Feinde Gottes zu entflammen, oder sie wußten jede ungewöhnliche Veränderung in der Natur, jedes Unglück, das sich ereignete, so zu deuten, daß man durch Anstilgung der Ketzer dem Strafgerichte Gottes glaubte vorbeugen zu müssen. Wer kann alle Grausamkeiten, die der wüthende Pöbel in dem Taumel seines Erstaunens ausgeübt; wer vermag die Opfer zu zählen, die vom unverständigen Religionseifer geschlachtet worden sind! Die Ausschweifungen, die ehemals bei den berüchtigten Hexenprocessen begangen wurden, was sind sie anders als Folgen jener Wuth, in welche der unwissende Haufe beim Anblick des Wunderbaren geräth? — Daß der Hang zum Wunderbaren auch auf Gesetzgebung und Rechtspflege einen großen Einfluß gehabt hat, ist unleugbar. Ein sehr merkwürdiger Beweis hiervon sind die bekannten Gottesurtheile der mittlern Zeiten, die man in zweifelhaften Fällen mit so großen Feierlichkeiten zu brauchen pflegte." (Reinhard in der angeführten Schrift, I, 558 fg.)

Was anders nun aber, dürfen wir fragen, hat all diesen moralisch verderblichen Folgen des dummen, unwissenden Glaubens ein Ende gemacht, als die Aufklärung durch Naturwissenschaft? Wenn jetzt keine Scheiterhaufen mehr für Ketzer lodern, keine Religionskriege mehr geführt werden, keine Hexenprocesse und Gottesurtheile mehr vorkommen, wem anders haben wir es zu verdanken, als der würdigern Vorstellung von der Gottheit, der richtigern Erkenntniß von der menschlichen Natur und des Zusammenhanges ihrer physischen und moralischen Seite, die durch die fortgeschrittene Wissenschaft vom Kosmos herbeigeführt worden? Hat nicht schon allein die ethnographische Erklärung des Ursprungs der Religionen, die Nachweisung, daß die verschiedenen Religionen, wie die Nationalliteraturen und die politischen Verhältnisse der Völker, ihre physischen, geographischen, klimatologischen Bedingungen haben, von denen sie nach Inhalt und Form abhängen, — hat nicht diese natürliche Erklärung des Ursprungs der Religionen die wichtige moralische Folge gehabt, daß nun dieselben nicht mehr als übernatürliche, göttliche Offenbarungen, denen man sich blindlings unterwerfen müsse und um deren willen man Andersgläubige verfolgen dürfe, angesehen werden? Können da noch blutige Verfolgungen und Religionskriege vorkommen, wo man einsieht, jedes Volk stehe vermöge seiner Bodenbeschaffenheit und seines Klimas, seiner geistigen Begabung und seines Culturfortschritts, nothwendig auf der religiösen Stufe, die es einnimmt, und daß ihm unmittelbar, ohne vorher seine Naturbedingungen, seine geistige Begabung und seinen Cultur= standpunkt geändert zu haben, eine fremde Re= ligion aufzubringen ebenso lächerlich wäre, als ihm unmittelbar und mit Gewalt eine andere Lite= ratur, eine andere Kunst, andere politische Ver= fassung aufzwingen zu wollen? Ist es also nicht die Natur=Erkenntniß, welche zur Toleranz und zur Anwendung richtiger Mittel bei Bekehrung An= dersgläubiger führt?

Jedoch nicht blos in objectiver Hinsicht ge= winnt die Moral durch die Naturwissenschaft, nicht blos in Hinsicht der Bestrebungen und Handlungen, welche als Pflicht gelten; sondern auch in sub= jectiver Hinsicht, in Beziehung auf Gesinnung und Motive, durch welche das pflichtgemäße Ver= halten erst wirklich zur Tugend wird. Wie die würdigern Vorstellungen von der Gottheit und von der menschlichen Natur, die durch die fortgeschrittene Naturwissenschaft erlangt worden sind, es mit sich gebracht haben, daß im Allgemeinen — einzelne Ausnahmen gibt es immer — unter gebildeten Na= tionen nicht mehr schlechte Handlungen, ob sie gleich im Namen Gottes und der Religion begangen wür=

ben, für gute gelten; so bringen es jene geläuterten Begriffe ebenfalls auch mit sich, daß gute und gerechte Handlungen nicht mehr auf schlechte und unlautere Motive basirt werden. Solange man nämlich das Sittengesetz noch nicht als ein im Wesen der menschlichen, über die Thierheit sich erhebenden Natur begründetes, solange man das moralische Sollen noch nicht als das eigene höhere Wollen des Menschen erkannt hat, sondern vielmehr dasselbe aus einem übernatürlichen göttlichen Gebot ableitet, so lange wird man es auch nicht erfüllen, um dem eigenen innern moralischen Bedürfniß, sondern um der Vorschrift des mächtigen, belohnenden und bestrafenden Gebieters zu genügen. Man wird in der Sünde nicht eine Entzweiung mit sich selbst, sondern eine Feindschaft gegen den Herrn erkennen, woraus dann wieder folgt, daß man nicht nach den richtigen moralischen Erlösungs- und Versöhnungsmitteln greifen wird. Aeußere Werkheiligkeit wird an die Stelle der innern Umwandlung der Gesinnung treten, Legalität an die Stelle der Moralität.

Wie der Aberglaube, der physische Krankheiten aus übernatürlichen Ursachen ableitet, zu Zaubermitteln, Exorcismen u. s. w. greifen läßt, also das richtige physische Heilverfahren verhindert, so nimmt

der moralische Aberglaube, der die Sünde aus der
Macht und dem Einfluß böser Dämonen oder eines
Teufels erklärt, zu magischen Gnadenmitteln seine
Zuflucht und vernachlässigt das richtige moralische
Heilverfahren. Dem übernatürlichen Verderber des
Menschengeschlechts gegenüber muß consequenterweise
auch ein übernatürlicher Erlöser angenommen werden.
Daß eine solche Vorstellung aber die Moral gründ=
lich vernichtet, ist nicht schwer einzusehen. Denn
die Grundlage aller Moral ist die Freiheit des
menschlichen Willens. Ohne diese gibt es keine
Verantwortlichkeit und Zurechnungsfähigkeit, ohne
diese aber wiederum keine Schuld und kein Ver=
bienst. Sind es, wie in der heidnischen Mytho=
logie, Götter, die den Menschen ihre guten und
ihre bösen Entschlüsse eingeben, — die Homerischen
Helden stehen ganz unter diesem Einflusse der Göt=
ter —, oder sind es, was nur in anderer Form
denselben Aberglauben ausdrückt, Engel und Teu=
fel, so ist es nicht der Mensch, dem seine Hand=
lungen moralisch zuzurechnen sind, sondern eben
jene übermenschlichen Wesen, die die Urheber der=
selben sind.

Von diesem Aberglauben nun, der den Men=
schen zu einer Drahtpuppe in der Hand der Göt=
ter oder Geister macht und eben dadurch die Moral

in der Wurzel angreift, befreit nur die richtige anthropologische und psychologische Erkenntniß der Natur des Menschen, und folglich, insofern Anthropologie und Psychologie — was man auch in neuester Zeit einzusehen angefangen hat — ein Theil der Naturwissenschaft sind, ist es die Naturwissenschaft, die erst eine wahre Moral möglich macht.

Die Naturwissenschaft lehrt in demjenigen Zweige, wo sie Wissenschaft der menschlichen Natur ist, also in der Anthropologie und Psychologie, die zwiefache, entgegengesetzte Beschaffenheit des menschlichen Willens kennen, die man als die sinnliche und sittliche bezeichnet. Nach jener ist des Menschen Wollen und Thun ein egoistisches, nur auf individuelles Wohl, nach dieser ein uneigennütziges, auf das allgemeine Beste gerichtetes. Aus dieser ursprünglich verschiedenen, entgegengesetzten Willensrichtung des Menschen leitet die Naturwissenschaft den moralischen Gegensatz des Bösen und Guten ab, nicht aber, wie der Wahnglaube, aus bösen und guten Göttern oder Geistern. Der Mensch, der seine egoistischen Antriebe durch sittliche Willenskraft beherrscht, der sein persönliches Wohl dem allgemeinen opfert, und zwar nicht aus Furcht vor Strafe oder Hoffnung auf Lohn — welches ja wieder nur egoistische Antriebe wären — sondern aus reiner Liebe zur Tugend, der gilt ihr für sitt= lich, der entgegengesetzt und aus entgegengesetzten Motiven Handelnde für unsittlich; jener ist gut, dieser ist böse.

Aber, wird man freilich einwenden, daß der Eine gut, der Andere böse ist, daß in dem Einen der sittliche Wille über den sinnlichen, bei dem An= dern der sinnliche über den sittlichen siegt, leitet die= ses die Naturwissenschaft nicht aus der Organisa= tion des Individuums ab, betrachtet sie somit den moralischen Charakter nicht als eine Naturnoth= wendigkeit und hebt somit die Freiheit auf, geräth sie also nicht in anderer Weise auf densel= ben Abweg, wie der Aberglaube, der durch Ablei= tung des Sittlichen aus übernatürlichen Mächten ebenfalls die menschliche Willensfreiheit aufhebt?

Leugnen wollen wir nicht, daß die materiali= stische Richtung in der modernen Naturwissenschaft, die Alles, selbst den Charakter des Menschen, aus den chemischen Stoffverbindungen und Metamor= phosen erklären zu können meint, allerdings jener Vorwurf trifft, daß sie die sittliche Freiheit negirt; aber diese Richtung der Naturforschung können wir auch nicht für die wahre erklären.

Die tiefere, philosophisch gebildete Naturwissen= schaft erklärt den Menschen nicht für ein Pro=

duct seiner Corporisation, sondern leitet umgekehrt
die Corporisation aus der ursprünglichen Idee
des Individuums ab; sie gibt der physischen Erscheinung einen metaphysischen Kern. Schon
in den niedern organischen Gattungen der Natur
erkennt sie die körperliche Organisation als Ausdruck
der ursprünglichen Willensrichtung des Wesens, das
so oder so gestaltet erscheint; denn sie sieht ein, daß
die zweckmäßigen Naturproducte nicht aus blos wirkenden, sondern aus Zweckursachen erklärt werden müssen, und diese Zweckursachen wiederum erkennt sie als innere, dem zweckmäßig gegliederten
Wesen selbst inwohnende, nicht, wie die Theologie,
als von außen her bestimmende. „Das Gehirn",
sagt Burdach in seiner „Physiologie", „stülpt sich zur
Netzhaut aus, weil das Centrale des Embryo die
Eindrücke der Weltthätigkeit in sich aufnehmen will;
die Schleimhaut des Darmkanals entwickelt sich zur
Lunge, weil der organische Leib mit den elemen-
taren Weltstoffen in Verkehr treten will; aus dem
Gefäßsystem sprossen Zeugungsorgane hervor, weil
das Individuum nur in der Gattung lebt, und das
in ihm begonnene Leben sich vervielfältigen will."
In Uebereinstimmung mit dieser Ansicht steht auch die
Schopenhauer'sche, durch zoologische und zootomische
Thatsachen bestätigte Erklärung der Thiergestalten

aus der ursprünglichen Willensrichtung der Thiergat=
tungen. „In Wahrheit", sagt Schopenhauer, „ist
jedes Organ anzusehen als der Ausdruck einer uni=
versalen, d. h. ein für alle mal gemachten Willens=
äußerung, einer fixirten Sehnsucht, eines Willens=
actes, nicht des Individuums, sondern der Species.
Jede Thiergestalt ist eine von den Umständen her=
vorgerufene Sehnsucht des Willens zum Leben; z. B.
ihn ergriff die Sehnsucht, auf Bäumen zu leben, an
ihren Zweigen zu hängen, von ihren Blättern zu
zehren, ohne Kampf mit andern Thieren und ohne
je den Boden zu betreten: dieses Sehnen stellt
sich, endlose Zeiten hindurch, dar in der Gestalt
(Platonischen Idee) des Faulthiers. Gehen kann
es fast gar nicht, weil es nur auf Klettern berech=
net ist: hülflos auf dem Boden, ist es behend auf
den Bäumen, und sieht selbst aus wie ein bemoofter
Ast, damit kein Verfolger seiner gewahr werde."
Als fernere Beispiele dafür, daß die Lebensweise,
die ein Thier führen wollte, es war, die seinen Bau
bestimmte, führt Schopenhauer an: „Der Ameisen=
bär hat nicht nur an den Vorderfüßen lange Klauen,
um den Termitenbau aufzureißen, sondern auch zum
Eindringen in denselben eine lange cylinderförmige
Schnauze mit kleinem Maul, und eine lange, faden=
förmige, mit klebrigem Schleim bedeckte Zunge, die er

tief in die Termitennester hineinstedt und sie darauf
mit jenen Insekten beklebt zurüdzieht; hingegen hat
er keine Zähne, weil er keine braucht. — Der Hals
der Vögel, wie der Quadrupeden, ist in der Regel
so lang wie ihre Beine, damit sie ihr Futter von
der Erde erreichen können; aber bei Schwimmvögeln
oft viel länger, weil diese schwimmend ihre Nah=
rung unter der Wasserfläche hervorholen. Sumpf=
vögel haben unmäßig hohe Beine, um waten zu
können, ohne zu ertrinken oder naß zu werden, und
demgemäß Hals und Schnabel sehr lang, letztern
stark oder schwach, je nachdem er Reptilien, Fische
oder Gewürme zu zermalmen hat, und dem ent=
sprechen auch stets die Eingeweide: dagegen haben
die Sumpfvögel weder Krallen wie die Raubvögel,
noch Schwimmhäute wie die Enten: denn die lex
parsimoniae naturae gestattet kein überflüssiges Or=
gan. Gerade dieses Gesetz, zusammengenommen da=
mit, daß andererseits keinem Thiere je ein Organ
abgeht, welches seine Lebensweise erfodert, sondern
alle, auch die verschiedenartigsten, übereinstimmen
und wie berechnet sind auf eine ganz speciell be=
stimmte Lebensweise, auf das Element, in welchem
sein Raub sich aufhält, auf das Verfolgen, auf das
Besiegen, auf das Zermalmen und Verbauen dessel=
ben, beweist, daß die Lebensweise, die das Thier,

um seinen Unterhalt zu finden, führen wollte, es
war, die seinen Bau bestimmte, — nicht aber um=
gekehrt; und daß die Sache gerade so ausgefallen
ist, wie wenn eine Erkenntniß der Lebensweise und
ihrer äußern Bedingungen dem Bau vorausgegan=
gen wäre und jedes Thier demgemäß sich sein Rüst=
zeug ausgewählt hätte, ehe es sich verkörperte; nicht
anders, als wie ein Jäger, ehe er ausgeht, sein
gesammtes Rüstzeug, Flinte, Schrot, Pulver, Jagd=
tasche, Hirschfänger und Kleidung, gemäß dem Wilde
wählt, welches er erlegen will: er schießt nicht auf
die wilde Sau, weil er eine Büchse trägt, sondern
er nahm die Büchse und nicht die Vogelflinte, weil
er auf die wilde Sau ausging: und der Stier stößt
nicht, weil er eben Hörner hat, sondern weil er
stoßen will, hat er Hörner. Nun kommt aber, um
den Beweis zu ergänzen, noch hinzu, daß bei vielen
Thieren, während sie noch im Wachsthum begriffen
sind, die Willensbestrebung, der ein Glied dienen
soll, sich äußert, ehe noch das Glied selbst vorhan=
den ist, und also sein Gebrauch seinem Dasein vor=
hergeht. So stoßen junge Böcke, Widder, Kälber
mit dem bloßen Kopf, ehe sie noch Hörner haben:
der junge Eber haut an den Seiten um sich, wäh=
rend die Hauer, welche der beabsichtigten Wirkung
entsprechen, noch fehlen: hingegen braucht er nicht

die kleinern Zähne, welche er schon im Maule hat
und mit denen er wirklich beißen könnte. Also seine
Vertheidigungsart richtet sich nicht nach der vorhandenen Waffe, sondern umgekehrt. Dies hat schon
Galenus bemerkt («De usu partium anim.», I, 1) und
vor ihm Lucretius (V, 1032—59). Wir erhalten
hierdurch die vollkommene Gewißheit, daß der Wille
nicht als ein Hinzugekommenes, etwa aus der Erkenntniß Hervorgegangenes, die Werkzeuge benutzt,
die er gerade vorfindet, die Theile gebraucht, weil
eben sie und keine andern da sind; sondern daß das
Erste und Ursprüngliche das Streben ist, auf diese
Weise zu leben, auf solche Art zu kämpfen; welches
Streben sich darstellt nicht nur im Gebrauch, sondern schon im Dasein der Waffe, so sehr, daß jener
oft dieser vorhergeht und dadurch anzeigt, daß, weil
das Streben da ist, die Waffe sich einstellt, nicht
umgekehrt; und so mit jedem Theil überhaupt." Schon
Aristoteles hat dies ausgesprochen, indem er von
den mit einem Stachel bewaffneten Insekten sagt:
„Weil sie Zorn haben, haben sie Waffen" („De part.
animal.", IV, 6), und weiterhin (Cap. 12) im
Allgemeinen: „Die Organe paßt die Natur der
Verrichtung an, nicht die Verrichtung den Organen."
„Das Resultat ist: nach dem Willen jedes
Thieres hat sich sein Bau gerichtet." (Scho-

penhauer, „Ueber den Willen in der Natur", 2. Aufl., S. 38 fg.)

Was aber hier von den Thieren nachgewiesen ist, das gilt ebenso vom Menschen, und zwar hier nicht blos von der Gattung im Allgemeinen, sondern weil innerhalb der menschlichen Gattung jedes Individuum einen besondern Charakter, eine besondere Physiognomie hat, auch vom Individuum. Die unendliche Verschiedenheit der Individuen in der menschlichen Gattung kann nicht zufällig sein, kann nicht aus blos wirkenden Ursachen erklärt werden, sondern bedarf zu ihrer Erklärung teleologischer Principien. „Was", sagt Kant, „schon Shaftesbury anmerkt, nämlich, daß in jedem Menschengesichte eine gewisse Originalität (gleichsam ein wirkliches Dessein) angetroffen werde, welche das Individuum als zu besondern Zwecken, die es nicht mit Andern gemein hat, bestimmt auszeichnet, obzwar diese Zeichen zu entziffern über unser Vermögen geht, das kann ein jeder Porträtmaler, der über seine Kunst denkt, bestätigen. Man sieht einem nach dem Leben gemalten und wohlausgedrückten Bilde die Wahrheit an, d. i., daß es nicht aus der Einbildung genommen ist. Worin besteht aber diese Wahrheit? Ohne Zweifel in einer bestimmten Proportion eines der vielen Theile des Gesichts zu allen

9

andern, um einen individuellen Charakter, der einen dunkel vorgestellten Zweck enthält, auszudrücken. Kein Theil des Gesichts, wenn er uns auch unproportionirt scheint, kann in der Schilderei, mit Beibehaltung der übrigen, abgeändert werden, ohne dem Kennerauge, ob er gleich das Original nicht gesehen hat, in Vergleichung mit dem von der Natur copirten Porträt, sofort merklich zu machen, welches von beiden die lautere Natur und welches Erdichtung enthalte." („Ueber den Gebrauch teleologischer Principien in der Philosophie", in der Gesammtausgabe von Rosenkranz und Schubert, VI, S. 366.)

Die moralischen Consequenzen aus dieser teleologischen Erklärung der individuellen Verschiedenheit sind wichtig. Ist das Individuum kein Product zufälliger Corporisation, sondern diese vielmehr entsprechender Ausdruck und Erscheinung seines individuellen Lebenszwecks, d. i. der ihm inwohnenden, es belebenden und beseelenden Willensrichtung, so kann sich das böse, verbrecherische Individuum nicht mehr mit seiner Corporisation, seiner Constitution, seinem Temperament, oder phrenologisch mit dem Bau seines Schädels, als welches Alles ihn nothwendig zu Verbrechen getrieben habe, entschuldigen; denn alle diese individuellen

Naturbeschaffenheiten sind nichts Ursprüngliches und davon der Charakter etwas Secundäres, sondern umgekehrt, das Ursprüngliche ist der individuelle Charakter und zu diesem verhält sich die Corporisation wie die Erscheinung zum Wesen, also wie das Secundäre zum Primären. Nicht, weil Einer diesen Bau und diese Physiognomie hat, ist sein Wille von dieser bestimmten Beschaffenheit, sondern umgekehrt, weil sein individueller Wille ursprünglich diese bestimmte Beschaffenheit hat, ist er von solchem Bau und solcher Physiognomie.

Auch straft schon die Stimme des Gewissens jene materialistische Erklärung, welche den moralischen Charakter aus physischer Organisation ableitet, Lügen; denn wie könnte das Gewissen im Guten und Tugendhaften beruhigt, im Bösen und Verbrecherischen geängstigt sein, wenn jeder von Beiden nicht sich selbst, d. h. seinen Willen, sondern äußere Ursachen, wie Körperconstitution, Temperament u. s. w. als Urheber seines Charakters und seiner Handlungsweise zu betrachten hätte. Schuldgefühl wäre gar nicht möglich, wenn der Mensch ein unfreies Naturproduct wäre. Die Selbstzurechnung, die Jeder im Gewissen vollzieht, beweist am besten, wie unbegründet jene materialistische Richtung in der Naturwissenschaft ist, die den

Stoff mit seinen Combinationen und Metamorpho=
sen zum Ursprünglichen, Alles Erklärenden macht.
Würde ein solcher Materialist ein Verbrechen be=
gehen, das Zeugniß von seiner moralischen Bös=
artigkeit gäbe, er würde vergeblich, um sein Ge=
wissen zu beschwichtigen, sich bemühen, die Schuld
von sich ab auf den in seinem Körper combinirten
und metamorphosirten Stoff zu wälzen. Nicht blos
die weltliche Justiz würde solche Entschuldigungs=
gründe nicht anerkennen, sondern sie würden ihn
auch in seinem eigenen Innern nicht frei sprechen.
Der innere Richter würde ihn trotz aller Stoff=
metamorphosen= und Lebenskreislaufs=Theorie ver=
dammen.

Mit Recht spricht sich ein intelligenter Irrenarzt
der Gegenwart, Prof. K. W. Ideler in Berlin,
sehr scharf gegen jene von materialistischer Natur=
wissenschaft irre geleitete, den Menschen für nichts
mehr als eine „denkende Dampfmaschine" betrach=
tende Medicin aus, die infolge dieser falschen
Theorie die öffentliche Rechtspflege gefährdet, da
sie geneigt ist, jeden Verbrecher, über den sie ihr
Gutachten abzugeben hat, für unzurechnungs=
fähig zu erklären. „Wollten wir", sagt Ideler, „der
noch vor kurzem in einer weit verbreiteten Schrift
ausgesprochenen Behauptung beipflichten, daß allen

Affecten und Leidenschaften ein körperlicher Krank=
heitszustand zum Grunde liege, und daß der Wille
durch die leibliche Organisation bedingt, also im
Wesentlichen ihr Product sei, so möchte ich den In=
quisiten sehen, den ich nicht von jeder Strafe los=
disputiren wollte, wenn ich befugt wäre, den in=
nersten Grund seiner bösen That in Krankheits=
zuständen und andern organischen Dispositionen
seines Körpers aufzusuchen. Nur im Widerspruche
mit gedachten Grundsätzen könnten hinfort einige
Frevler der schlimmsten Art verurtheilt werden.“
(„Medicinisch=gerichtliche Gutachten der wissenschaft=
lichen Deputation für das Medicinalwesen in Preu=
ßen“, zweite Abtheilung, S. 14.) „Unterwer=
fen wir“, sagt Ideler weiter, „zuvörderst die Af=
fecte, namentlich den Zorn, das Rachegefühl, die
Furcht· und Verzweiflung, welche fast zu den mei=
sten gesetzwidrigen Handlungen den unmittelbaren
Antrieb geben, einer sorgfältigen Prüfung, so zeigt
es sich recht einleuchtend, daß eine Begutachtung,
welche nicht die ethischen Principien zum Grunde
legt, sondern nur die äußere Form der psychischen
Erscheinung ins Auge faßt, die gröbsten Irrthümer
gar nicht vermeiden kann. In ihrem geringern
Grade stören jene Affecte das freie Selbstbewußt=
sein nur wenig, während sie dasselbe auf ihrer

äußersten Höhe völlig unterdrücken. Bleibt man allein bei dieser unbestreitbaren Thatsache stehen, so gelangt man zu der mit allen Rechtsgrundsätzen im schroffsten Widerspruche begriffenen Folgerung, daß man gutartige Menschen wegen geringfügiger Vergehungen aus gelinderer Gemüthsaufregung härter bestrafen müßte, als die ärgsten Verbrecher, welche sich durch rasenden Zorn und blinde Wuth zu den schwersten Freveln fortreißen ließen. Aber eben weil im bösartigen Gemüthe alle sittliche Gegenwirkung fehlt, so vermag es auch seinen wilden Begierden gar keinen Zaum anzulegen, und seine sinnlose Empörung gegen das Gesetz ist nicht der schuldfreie Ausbruch einer wirklichen Seelenstörung, sondern die letzte gereifte Frucht eines pflichtwidrigen Lebenswandels." (S. 15.) „Die rasende Heftigkeit des Affects kann so wenig einen Entschuldigungsgrund abgeben, daß gerade sie die Unsittlichkeit eines Gemüths beweist, in welchem der natürliche Abscheu gegen das Verbrechen durch rohe Leidenschaften und Begierden schon früher erstickt war." (S. 51.) Auch Ideler führt das Gewissen als einen Beweis der Schuld und Zurechnungsfähigkeit des Uebelthäters an. „Die Erfahrung", sagt er, „lehrt oft genug, daß selbst bei den lasterhaften Menschen nach vollbrachtem Frevel das Gewissen sich mit einer zermalmenden Kraft äußert und dadurch die Heiligkeit des Gottesgerichts in seiner Majestät zu erkennen gibt. Muß aber das Vorhandensein des Gewissens nach dieser Erfahrung vorausgesetzt werden, so besteht ja gerade die Schuld des Uebelthäters darin, daß er durch eine Reihe schlechter Handlungen, gegen welche dasselbe gewiß seine warnende Stimme erhob, sie endlich zum Schweigen gebracht hat." (S. 24.)

Das Angeführte wird genügen, um zu zeigen, daß echte Naturwissenschaft, die nicht oberflächlich bei der äußern Erscheinung stehen bleibt, sondern in das tiefe, innere Wesen der Dinge eindringt, der Moral nicht nur nicht gefährlich ist, sondern sogar der antimoralischen materialistischen Beurtheilung des menschlichen Handelns aufs entschiedenste entgegentritt, indem sie die Quelle desselben nicht in unfreien physischen Beschaffenheiten, sondern in der ursprünglichen Richtung des freien Willens findet.

Mit dieser Behauptung streitet es nicht, daß wir früher die menschlichen Handlungen für ebenso streng nothwendig erklärt haben, wie die Bewegungen und Veränderungen der unorganischen Natur und des vegetativen Reichs, indem wir gezeigt, daß die bewegenden Ursachen des menschlichen Willens nur andere sind, als die Ursachen

der Bewegung unorganischer und vegetativer Körper, nämlich dort Motive, hier mechanische Ursachen und Reize, daß aber die menschlichen Handlungen ebenso wenig ohne Ursachen, aus grundlos
innerer Selbstbestimmung erfolgen, wie die Vorgänge im unorganischen und vegetativen Naturreiche.
Wir haben somit allerdings die strenge Nothwendigkeit der menschlichen Handlungen behauptet, aber die solcherweise behauptete Nothwendigkeit, welche die menschlichen Handlungen auf gleiche
Linie mit Naturereignissen setzt, streitet keineswegs
mit der behaupteten Freiheit des Willens. Denn
jene Nothwendigkeit wird nur von den einzelnen
Acten des Willens, von den Handlungen aus-
gesagt, nicht aber von der Quelle derselben, dem
Willen. In jeder einzelnen Handlung wird der
Wille nothwendig durch Motive bestimmt; aber die
ganze Willensrichtung selbst, der Charakter, der gerade durch diese und keine andere Motive bestimmt
wird, ist nicht, wie die Handlungen, ein nothwendiges Naturproduct, sondern er ist frei, weil er
das Ursprünglichste im Menschen ist, zu welchem
sich die ganze zeitlich = örtliche Verleiblichung des
Menschen mit den von ihr ausgehenden Handlungen nur wie die Erscheinung zum Wesen verhält. Die Erscheinung ist jederzeit bedingt, aber

das Wesen ist frei. (Die nähere Ausführung dieses Grundgedankens findet man in Schopenhauer's
beiden „Grundproblemen der Ethik" und in meinen
„Briefen über die Schopenhauer'sche Philosophie",
Brief 19 und 20.)

Der naturwissenschaftlichen Betrachtung
der menschlichen Handlungen geschieht nach dieser
Auffassung dadurch Genüge, daß dieselben, wie andere Naturerscheinungen, als dem Causalnexus unter-
worfen erkannt und dadurch in die Reihe gesetzmäßiger Phänomene aufgenommen werden; der
ethischen Beurtheilung aber wird dadurch Genug-
thuung, daß die Quelle der nothwendigen und gesetzmäßigen Handlungen als eine freie erkannt wird.

Die Naturwissenschaft könnte nach allem Diesen
nur dann mit Recht als Feindin der Moral angeklagt werden, wenn Naturwissenschaft und Materialismus identisch wären. Solange es aber
nicht bewiesen ist, daß der Materialismus mit seiner Verleugnung aller teleologischen Principien die
allein wahre und absolute Naturerkenntniß enthält,
so lange muß jener Vorwurf als unbegründet betrachtet werden.

Wie die echte Naturwissenschaft nicht die Freiheit des Willens leugnet, so auch nicht ein anderes Postulat der Moral, die Unsterblichkeit.

Zwar in gewissem Sinne können wir die Un=
sterblichkeit nicht als ein moralisches Postulat be=
trachten, in dem Sinne nämlich nicht, daß bei feh=
lendem Glauben an eine künftige Wiedervergeltung
nach dem Tode die Moral der Menschen keine an=
dere sein würde, als die: Lasset uns essen und trin=
ken, denn morgen sind wir todt!*) Wer nur
wegen der künftigen Wiedervergeltung, also nur
aus Hoffnung auf Lohn und Furcht vor der Strafe,
das Gute erstrebte und das Böse miede, der dürfte
sich zwar der Legalität, aber nimmermehr der
Moralität rühmen; denn der Glaube an Un=
sterblichkeit würde bei ihm nur die Rolle eines po=
lizeilichen Abschreckungsmittels spielen. Die wahre
Moral kann nur solchen Handlungen sittlichen Werth
beilegen, die aus lauterer, uneigennütziger Gesin=
nung, aus reiner Liebe zur Tugend hervorgehen;
und wer die Tugend aufrichtig liebt, wird sie üben
auch ohne Aussicht auf künftige Vergeltung, denn
er findet ihren Lohn schon gegenwärtig in ihr selbst,
in der tiefen, innern Befriedigung, die sie ihm ge=
währt, wie Der, welcher gesunde physische Nahrung

---

*) In diesem rohen Sinne macht auch noch Rudolf
Wagner den Unsterblichkeitsglauben zu einem moralischen Po=
stulate. („Menschenschöpfung und Seelensubstanz", S. 23.)

zu sich nimmt, es nicht thut, weil er einst eine Prämie dafür zu erhalten hofft, sondern weil sie seinem körperlichen Wohle dient. Spinoza sagt mit Recht: Sich einem zügellosen Leben ergeben, weil man glaubt, die Seele gehe mit dem Körper unter, das scheine ihm ebenso absurd, als seinen Körper mit Gift und tödtlichen Stoffen nähren zu wollen, weil man sich nicht ewig mit gesunden Nahrungs= mitteln nähren kann. („Plerique videntur credere, se eatenus liberos esse, quatenus libidini parere licet, et eatenus de suo jure cedere, quatenus ex legis divinae praescripto vivere tenentur. Pie- tatem igitur et religionem et absolute omnia, quae ad animi fortitudinem referuntur, onera esse credunt, quae post mortem deponere et pretium servitutis, nempe pietatis et religionis accipere sperant, nec hac spe sola, sed etiam et prae- cipue metu, ne diris scilicet suppliciis post mor- tem puniantur, inducuntur, ut ex legis divinae praescripto, quantum eorum fert tenuitas et im- potens animus, vivant; et nisi haec spes et metus hominibus inessent, at contra, si crederent, mentes cum corpore interire, nec restare mi- seris, pietatis onere confectis, vivere longius, ad ingenium redirent et ex libidine omnia mo- derari et fortunae potius, quam sibi parere vellent. *Quae mihi non minus absurda videntur*, quam si quis propterea, quod non credit, se posse bonis alimentis corpus in aeternum nutrire, venenis potius et lethiferis se exsaturare vellet; vel quia videt mentem non esse aeternam seu immortalem, ideo amens mavult esse et sine ratione vivere: quae adeo absurda sunt, ut vix recenseri mereantur." Eth. Pars V. Prop. XLI. Schol.)

Auch im Kant'schen Sinne können wir die Unsterblichkeit nicht als ein moralisches Postulat gelten lassen. Kant sagt nämlich: „Die völlige Angemessenheit des Willens zum moralischen Gesetze ist Heiligkeit, eine Vollkommenheit, deren kein vernünftiges Wesen der Sinnenwelt, in keinem Zeitpunkte seines Daseins, fähig ist. Da sie indessen gleichwol als praktisch nothwendig gefodert wird, so kann sie nur in einem ins Unendliche gehenden Progressus zu jener völligen Angemessenheit angetroffen werden, und es ist, nach Principien der reinen praktischen Vernunft, nothwendig, eine solche praktische Fortschreitung als das reale Object unsers Willens anzunehmen. Dieser unendliche Progressus ist aber nur unter Voraussetzung einer ins Unendliche fortdauernden Existenz und Persönlichkeit desselben vernünftigen Wesens (welche man die Unsterblichkeit der Seele nennt) möglich. Also ist das höchste Gut, praktisch, nur unter der Voraussetzung der Unsterblichkeit der Seele möglich; mithin diese, als unzertrennlich mit dem moralischen Gesetz verbunden, ein Postulat der reinen praktischen Vernunft." („Kritik der praktischen Vernunft", in der Gesammtausgabe von Rosenkranz und Schubert, VIII, 261 fg.)

Diese Art, die Unsterblichkeit zu postuliren, läßt sich ganz einfach durch die Bemerkung widerlegen, daß Heiligkeit in der Reinheit der Gesinnung beruht, die Reinheit der Gesinnung, das reine Herz aber nicht durch unendlichen Fortschritt — ein Ziel, das zu seiner Erreichung eines endlosen Fortschreitens bedarf, wird überhaupt nie erreicht — sondern nur durch eine einmalige Revolution, eine Art innerer Wiedergeburt erlangt werden kann. Kant sieht dieses selbst ein, indem er in der „Religion innerhalb der Grenzen der bloßen Vernunft" auf den großen Unterschied hinweist, der zwischen allmäliger Reform der Sitten und einmaliger Revolution der Gesinnung stattfindet. „Tugend als Legalität", sagt er, „kann nach und nach erworben werden. Dazu ist nun nicht eben eine Herzensänderung nöthig, sondern nur eine Aenderung der Sitten. Der Mensch findet sich tugendhaft, wenn er sich in Maximen, seine Pflicht zu beobachten, befestigt fühlt, obgleich nicht aus dem obersten Grunde aller Maximen, nämlich aus Pflicht, sondern der Unmäßige z. B. kehrt zur Mäßigkeit um der Gesundheit, der Lügenhafte zur Wahrheit um der Ehre, der Ungerechte zur bürgerlichen Ehrlichkeit um der Ruhe oder des Erwerbs willen u. s. w. zurück. Alle nach dem gepriesenen Princip der Glückseligkeit. Daß aber Jemand nicht blos ein gesetzlich, sondern ein moralisch guter Mensch, d. i. tugendhaft nach dem intelligibeln Charakter werde, welcher, wenn er etwas als Pflicht erkennt, keiner andern Triebfeder weiter bedarf, als dieser Vorstellung der Pflicht selbst: das kann nicht durch allmälige Reform, solange die Grundlage der Maximen unlauter bleibt, sondern muß durch eine Revolution in der Gesinnung im Menschen (einen Uebergang zur Maxime der Heiligkeit derselben) bewirkt werden; und er kann ein neuer Mensch nur durch eine Art von Wiedergeburt, gleich als durch eine neue Schöpfung (Ev. Joh. III, 5, verglichen mit 1. Mof. I, 2) und Aenderung des Herzens werden." (In der Gesammtausgabe von Rosenkranz und Schubert, X, 53 fg.)

Eine innerlich neue Schöpfung bedarf aber keines unendlichen Fortschritts, und folglich kann in diesem Sinne die Unsterblichkeit nicht moralisches Postulat sein.

Aber in welchem Sinne denn? Etwa in dem andern auch von Kant angegebenen Sinne, daß es zur Vermählung der Glückseligkeit mit der Tugend, als aus welchen beiden Stücken das höchste Gut bestehe, eines zukünftigen Lebens bedürfe, in welchem der in diesem Leben noch stattfindende Zwiespalt zwischen Glückseligkeit und Tugend ausgeglichen werde? Kant ist selbst einsichtsvoll genug, um die Hoffnung auf diese dereinstige Ausgleichung zwischen Glückseligkeit und moralischer Würdigkeit nicht zum Motive der Tugend machen zu wollen. Auch bei dieser Hoffnung verlangt er, daß Alles uneigennützig und blos auf Pflicht gegründet bleibe, ohne daß Furcht oder Hoffnung als Triebfeder zum Grunde gelegt würde, „die, wenn sie zu Principien werden, den ganzen moralischen Werth der Handlungen vernichten". (Bei Rosenkranz, „Kritik der praktischen Vernunft", S. 270 fg.) Soll aber die Hoffnung auf dereinstige Ausgleichung zwischen Glückseligkeit und Tugend nicht zum Motiv der letztern gemacht werden, so kann diese Hoffnung auch nicht für ein moralisches Postulat gelten. Schopenhauer tadelt mit Recht an der Kant'schen Ethik, daß sie die Sonderung der Tu

gend von der Glückseligkeit nicht rein vollzogen habe.
Er erkennt zwar Kant's Reinigung der Ethik vom
Eudämonismus als ein großes Verdienst an. „Die=
ses Verdienst", sagt er, „ist um so größer, als schon
alle alten Philosophen, mit Ausnahme des einzigen
Plato, nämlich Peripatetiker, Stoiker, Epikuräer,
durch sehr verschiedene Kunstgriffe, Tugend und
Glückseligkeit bald nach dem Satz vom Grund von=
einander abhängig machen, bald nach dem Satz
vom Widerspruch identificiren wollten. Nicht min=
der trifft derselbe Vorwurf alle Philosophen der
neuern Zeit bis auf Kant. Sein Verdienst hierin
ist daher sehr groß: jedoch fodert die Gerechtigkeit
auch hierbei zu erinnern, daß theils seine Darstel=
lung und Ausführung der Tendenz und dem Geist
seiner Ethik oft nicht entspricht, wie wir sogleich
sehen werden, theils auch, daß er selbst so nicht der
Allererste ist, der die Tugend von allen Glückselig=
keitsprincipien gereinigt hat. Denn schon Plato,
besonders in der «Republik», lehrt ausdrücklich, daß
die Tugend allein ihrer selbst wegen zu wählen sei,
auch wenn Unglück und Schande unausbleiblich mit
ihr verknüpft wäre. Noch mehr aber predigt das
Christenthum eine völlig uneigennützige Tugend,
welche auch nicht wegen des Lohns in einem Leben
nach dem Tode, sondern ganz unentgeltlich, aus

Liebe zu Gott, geübt wird, sofern die Werke nicht rechtfertigen, sondern allein der Glaube, welchen, gleichsam als sein bloßes Symptom, die Tugend begleitet und daher ganz unentgeltlich und von selbst eintritt. Man lese Luther «De libertate christiana». Ich will gar nicht die Inder in Rechnung bringen, in deren heiligen Büchern überall das Hoffen eines Lohnes seiner Werke als der Weg der Finsterniß geschildert wird, der nie zur Seligkeit führen kann. So rein finden wir Kant's Tugendlehre doch nicht: oder vielmehr die Darstellung ist hinter dem Geiste weit zurückgeblieben, ja in Inconsequenz verfallen. In seinem nachher abgehandelten höchsten Gut finden wir die Tugend mit der Glückseligkeit vermählt. Das ursprünglich so unbedingte Soll postulirt sich hinterdrein doch eine Bedingung. Die Glückseligkeit im höchsten Gut soll zwar nicht eigentlich das Motiv zur Tugend sein: dennoch steht sie da, wie ein geheimer Artikel, dessen Anwesenheit alles Uebrige zu einem bloßen Scheinvertrage macht: sie ist nicht eigentlich der Lohn der Tugend, aber doch eine freiwillige Gabe, zu der die Tugend, nach ausgestandener Arbeit, verstohlen die Hand offen hält. Dieselbe Tendenz hat auch seine ganze Moraltheologie: durch diese vernichtet eben deshalb eigentlich die Moral sich selbst. Denn alle Tugend, die irgendwie eines Lohnes wegen geübt wird, beruht auf einem klugen, methodischen, weitsehenden Egoismus." (Schopenhauer in der „Kritik der Kant'schen Philosophie", Anhang zum ersten Band der „Welt als Wille und Vorstellung", 2. Aufl., S. 586 fg.)

In einer andern Beziehung, als bei Kant, finden wir den Glauben an Unsterblichkeit bei Schiller als ein moralisches Postulat angedeutet: „Was für Freude", sagt der Prinz in Schiller's „Geisterseher", „kann es mir geben, Erscheinungen zu beglücken, die morgen dahin sein werden, wie ich? Ist nicht Alles Flucht um mich herum? Alles stößt sich und drängt seinen Nachbar weg, aus dem Quell des Daseins einen Tropfen zu trinken und lechzend davonzugehen. Jetzt, in dem Augenblick, wo ich meiner Kraft mich freue, ist schon ein werdendes Leben an meine Verwesung angewiesen. Zeigen Sie mir ein Wesen, das dauert, so will ich tugendhaft sein." Gegen diese Ansicht ließe sich zwar einwenden, daß der wahrhafte Menschenfreund aus innerm Drange seinen Mitmenschen Gutes erweist, nicht aber aus Rücksicht auf ihre ewige Dauer. Ist doch auch in der Natur und Kunst Vieles Gegenstand unserer Liebe und unsers Wohlgefallens, obgleich wir wissen, daß es vorübergeht. Die flüchtige Rose erregt nicht minder unser Wohlgefallen, weil sie vergänglich ist, ein Kunstgenuß erfreut uns nicht minder, weil er nach einigen Stunden aufhört. Sollten wir also vom Wohlwollen gegen unsere Mitmenschen zurückgehalten werden, weil sie sterblich sind? Würde eine Mutter ihr krankes Kind weniger pflegen, weil sie seinen gewissen Tod vorhersähe und an seiner Fortdauer nach dem Tode zweifelte?

Dennoch liegt jener Ansicht etwas Wahres zum Grunde. Wären nämlich, wie die materialistische Naturwissenschaft annimmt, die Individuen nichts Ursprüngliches und Ewiges, sondern nur Producte der Stoffcombination, die nach dem Tode sich wieder in ihre chemischen Bestandtheile auflösen, so wäre das eigentlich Wesentliche an ihnen nur der Stoff, aus dem sie zusammengesetzt sind, und sie hätten somit nicht mehr Werth, als jedes andere chemische Product; denn es läge ihrer Existenz kein Zweck, keine Idee zum Grunde. Gegen zwecklose Naturproducte kann es aber keine Pflichten geben. Man ist berechtigt, sie wie todte Sachen zu gebrauchen, im Uebrigen aber sie ihrem Geschick zu überlassen. Ein Wesen, gegen das wir uns verpflichtet fühlen sollen, muß irgendwie Selbstzweck sein. Wir könnten nicht nur Andere, sondern uns selbst nicht achten, wenn wir uns als zwecklose Stoffcombinationen, die zu einer gewissen Zeit aus ten chemischen Urelementen zusammengeronnen sind und ebenso zu einer andern Zeit sich wieder in dieselben auflösen, betrachten müßten. Wir hätten so wenig von Andern Liebe und Wohlwollen zu beanspruchen, als wir den Trieb fühlten, ihnen Liebe und Wohlwollen zu erweisen. Auch fiele alle moralische Verantwortlichkeit, alle Schuld und alles Verdienst weg.

Steht es aber fest, daß Individuen, die Gegenstand unsers moralischen Interesses sein sollen, von uns als Selbstzwecke betrachtet werden müssen, so ist eben damit auch schon gesagt, in welchem Sinne die Unsterblichkeit ein moralisches Postulat ist. Sie ist es nicht in dem Sinne, daß wir annehmen müßten, die individuelle Erscheinung daure nach dem Tode unversehrt fort — eine solche Unsterblichkeit könnte die Naturwissenschaft allerdings nicht garantiren — sondern in dem Sinne, daß der individuellen, räumlich-zeitlich begrenzten Erscheinung ein ewiges, unvergängliches, unzerstörbares Wesen zum Grunde liege, das vom Tode nicht berührt wird. In der That ist es auch nur das Gefühl des ewigen Wesens, der unvergänglichen (Platonischen) Idee, die in jeder individuell-lebendigen Erscheinung wohnt, was uns dieselbe achtungswerth macht. Wenn uns die Rose entzückt, so ist es nicht diese Rose, die wir an diesem Ort und zu dieser Zeit anschauen, sondern das Wesen der Rose, das in dieser räumlich=zeitlich beschränkten Gestalt zur Erscheinung kommt. Und ebenso, wenn Menschen uns moralisches Interesse einflößen, so ist es nicht Das an ihnen, was vergänglich ist, die individuelle, räumlich=zeitlich bedingte Erscheinung, sondern ihr ewiges Wesen, was uns für sie interessirt.

Erkennten wir nicht, wenn auch noch so dunkel, in allen Individuen ein solches Ewiges an, sondern hielten dafür, daß sie ganz und gar vor einiger Zeit aus dem Nichts entstanden sind und nach einiger Zeit wieder in das Nichts zurücksinken, so müßten wir sie schon jetzt für nichtig, wesenlos, für hohle Schatten ansehen und könnten ihnen daher nicht mehr Beachtung schenken, als Träumen. So wenig wir gegen Gestalten, die uns im Traume erscheinen, Pflichten fühlen, so wenig könnten wir sie gegen solche wesenlose Schatten, die uns wachend begegnen, fühlen.

Unsterblichkeit im wahren Sinne des Wortes und in demjenigen Sinne, in welchem sie wirklich ein moralisches Postulat ist, ist gleichbedeutend mit Ursprünglichkeit und Ewigkeit des Wesens der Individuen. Ohne diese Ursprünglichkeit und

Ewigkeit ist moralische Verantwortlichkeit gar nicht denkbar; denn ein Wesen, das ganz und gar nur entweder (nach dem Theismus) Product eines aus Nichts schaffenden Gottes, oder (nach dem Materialismus) Resultat der mechanisch und chemisch wirkenden Stoffatome wäre, könnte für seine Handlungen ebenso wenig verantwortlich sein, wie ein schlechtes Gedicht für seine unästhetische, oder ein chemisches Product für seine gesundheitsgefährliche Beschaffenheit. In dem einen Falle wäre der Autor, in dem andern die stoffliche Combination der schuldige Theil, auf den alle Verantwortlichkeit zurückfiele. *)

---

*) „An einem Wesen“, sagt Schopenhauer mit Recht, „welches seiner existentia und essentia nach das Werk eines Andern ist, läßt sich weder Schuld noch Verdienst denken. Kann es doch, gleich jedem andern nur irgend denkbaren Wesen, nicht anders, als seiner Beschaffenheit gemäß wirken und dadurch diese kundgeben: wie es aber beschaffen ist, so ist es hier geschaffen. Handelt es nun schlecht, so kommt dies daher, daß es schlecht ist, und dann ist die Schuld nicht sein, sondern Dessen, der es gemacht hat. Unvermeidlich ist der Urheber seines Daseins und seiner Beschaffenheit, dazu auch noch der Umstände, in die es gesetzt worden, auch der Urheber seines Wesens und seiner Thaten, als welche durch dies Alles so sicher bestimmt sind, wie durch zwei Winkel und eine Linie der Triangel. — Moralische Freiheit und Verant=

Unsterblichkeit in dem hier angegebenen, als mo
ralisches Postulat zu betrachtenden Sinne fängt nicht
erst mit dem Tode an, sondern sie ging auch schon
der Geburt vorher. Was angefangen hat und wie=
der vergeht, ist ja nur die individuelle, räumlich=
zeitlich begrenzte Erscheinung, nicht aber das
ewige Wesen, das in ihr Erscheinende. „Auf
den Menschen, als Erscheinung in der Zeit, ist der
Begriff des Aufhörens allerdings anwendbar, und
die empirische Erkenntniß legt unverhohlen den Tod
als das Ende dieses zeitlichen Daseins dar. Das
Ende der Person ist ebenso real, wie es ihr An=
fang war, und in eben dem Sinne, wie wir vor
der Geburt nicht waren, werden wir nach dem
Tode nicht mehr sein. Jedoch kann durch den Tod
nicht mehr aufgehoben werden, als durch die Ge=
burt gesetzt war; also nicht Das, wodurch die Ge=
burt allererst möglich geworden. In diesem Sinne

---

wortlichkeit oder Zurechnungsfähigkeit setzen schlechterdings
Aseität voraus. Die Handlungen werden stets aus dem
Charakter, d. i. aus der eigenthümlichen und daher unver=
änderlichen Beschaffenheit des Wesens, unter Einwirkung
und nach Maßgabe der Motive mit Nothwendigkeit her=
vorgehen: also muß dasselbe, soll es verantwortlich sein,
ursprünglich und aus eigener Machtvollkommenheit existi=
ren.“ („Parerga und Paralipomena“, I, 115 u. 117.)

ist natus et denatus ein schöner Ausdruck. Nun aber liefert die gesammte empirische Erkenntniß nur Erscheinungen: nur diese daher werden von den zeitlichen Hergängen des Entstehens und Vergehens getroffen, nicht aber das Erscheinende, das Wesen an sich. Dieses also bleibt unangefochten vom zeitlichen Ende einer zeitlichen Erscheinung und behält stets dasjenige Dasein, auf welches die Begriffe von Anfang, Ende und Fortdauer nicht anwendbar sind. Dasselbe aber ist, soweit wir es verfolgen können, in jedem erscheinenden Wesen der Wille desselben: so auch im Menschen." (Arthur Schopenhauer in dem Capitel über den „Tod und sein Verhältniß zur Unzerstörbarkeit unsers Wesens an sich", im zweiten Band von „Die Welt als Wille und Vorstellung", Cap. 41, S. 498.)

Diese Art von Unsterblichkeit, die allein moralisches Postulat ist, kann nun aber von echter Naturwissenschaft nicht geleugnet werden. Denn es läßt sich durchaus nicht naturwissenschaftlich beweisen, daß das Individuum ganz und gar, also nicht blos seiner physischen Erscheinung, sondern auch seinem metaphysischen Wesen nach, zu einer bestimmten Zeit entstanden sei und wieder zu einer bestimmten Zeit vergehe. Das, wovon die Naturwissenschaft das Entstehen und Vergehen nachweist,

ist immer nur die physische Erscheinung, nicht aber ihr metaphysisches Wesen und ihr Kern. Fortdauer der Erscheinung aber ist kein moralisches Postulat. Folglich kann die Naturwissenschaft auch nicht durch ihre Nachweisung des Entstehens und Vergehens der Erscheinungen der Moral gefährlich werden. Mit der Anerkennung des ewigen, unzerstörbaren Wesens der flüchtigen individuellen Erscheinungen sind auch die gerechten Foderungen und Interessen der Moral gerettet.

Es versteht sich nach Dem, was wir über die Nothwendigkeit teleologischer Principien zur Erklärung organisch-lebendiger Individuen und über den Individualcharakter gesagt haben, wodurch sich die Individuen der menschlichen Gattung von denen der thierischen unterscheiden, von selbst, daß die Ewigkeit des Wesens, die wir als moralisches Postulat aufstellen, uns die Bedeutung der Ewigkeit des individuellen Wesens, d. i. der eigenthümlichen Idee, hat, welche der Erscheinung jedes besondern Individuums in der menschlichen Gattung zugrunde liegt, nicht aber blos die der Ewigkeit des Gattungswesens.

Eine Ewigkeit des Wesens erkennt auch die materialistische Naturwissenschaft an, aber da ihr das Wesen aller Dinge nur im Stoff, in den

materiellen Atomen, aus denen die Individuen ge=
mischt sind, besteht, so verleugnet sie die ursprüngliche
Einheit des Individuums. Dieses ist ihr nur ein
Product aus Vielem, das nach den allgemeinen,
mechanischen und chemischen Naturgesetzen zur Ein=
heit zusammentritt. Die individuelle Einheit ist ihr
also nicht das Primäre, das die Zusammensetzung
der stofflichen Elemente Beherrschende, sondern das
Secundäre, die bloße Folge der Stoffcombination.
Auch erkennt sie nur den verschiedenen Gattungs=
formen, die aus verschiedener Stoffcombination
und Stoffmetamorphose entsprungen sind, Fort=
dauer über den Tod der Individuen hinaus zu.

Daß aber eine solche Bestimmung der Ewigkeit
des Wesens, wonach dieselbe nur in Ewigkeit der
stofflichen Elemente und in Fortdauer der aus den=
selben zusammengesetzten Gattungsformen besteht,
den moralischen Anfoderungen nicht entspricht, haben
wir schon damit bewiesen, daß wir gezeigt, wie bei
solcher Auffassung die moralische Freiheit und Ver=
antwortlichkeit des Individuums undenkbar ist,
und wie sie den unleugbarsten moralischen That=
sachen, z. B. der Gewissensangst, widerspricht.

Wie wäre es möglich, daß das menschliche Indivi=
duum sich für sein individuelles Wesen, für seinen be=
sondern Charakter, dafür, daß sein Wille gerade so

und nicht anders beschaffen ist, verantwortlich fühlte; wie könnte einem Bösen das Gewissen Vorwürfe, nicht etwa über seine äußern Werke, sondern über sein innerstes Sein und Wesen machen, wenn die mechanisch = materialistische Erklärung des Ursprungs der Individuen ihre Richtigkeit hätte?*) Nach dem

---

*) Daß es eigentlich der **Charakter** ist, den ein böses Individuum sich zur Schuld anrechnet, wenn es sich im Gewissen wegen seiner bösen Werke verurtheilt, das hat Schopenhauer bewiesen, indem er sagt, es komme Keinem, auch Dem nicht, der von der Nothwendigkeit, mit welcher unsere Handlungen eintreten, völlig überzeugt ist, jemals in den Sinn, sich für ein Vergehen durch diese Nothwendigkeit zu entschuldigen und die Schuld von sich auf die **Motive** zu wälzen, da ja bei deren Eintritt die That unausbleiblich war. „Denn er sieht sehr wohl ein, daß diese Nothwendigkeit eine **subjective** Bedingung hat, und daß hier **objectiv**, d. h. unter den vorhandenen Umständen, also unter der Einwirkung der Motive, die ihn bestimmt haben, doch eine ganz andere Handlung, ja, die der seinigen gerade entgegengesetzte, sehr wohl möglich war und hätte geschehen können, wenn nur **Er** ein Anderer gewesen wäre: hieran allein hat es gelegen. **Ihm**, weil er Dieser und kein Anderer ist, weil er einen solchen und solchen **Charakter** hat, war freilich keine andere Handlung möglich: aber an sich selbst, also objectiv, war sie möglich. Die **Verantwortlichkeit**, deren er sich bewußt ist, trifft daher bloß zunächst und ostensibel die That, im Grunde aber seinen **Charakter**: für diesen fühlt

Materialismus kann das Individuum nicht sich, sondern muß die Gattung, die es erzeugt, und die materielle Mischung der Atome, die durch die Begattung seiner Aeltern in ihm zur Erscheinung gekommen, für Das anklagen, was es ist und thut. Also steht es fest, daß materialistische Anthropologie und Moral sich nicht vertragen.

---

er sich verantwortlich. Und für diesen machen ihn auch die Andern verantwortlich, indem ihr Urtheil sogleich die That verläßt, um die Eigenschaften des Thäters festzustellen: «Er ist ein schlechter Mensch, ein Bösewicht», — oder «er ist ein Spitzbube» — «oder er ist eine kleine, falsche, niederträchtige Seele», — so lautet ihr Urtheil und auf seinen Charakter laufen ihre Vorwürfe zurück. Die That, nebst dem Motiv, kommt dabei blos als Zeugniß von dem Charakter des Thäters in Betracht, gilt aber als sicheres Symptom desselben, wodurch er unwiderruflich und für immer festgestellt ist. Nicht auf die vorübergehende That, sondern auf die bleibenden Eigenschaften des Thäters, d. h. des Charakters, aus welchem sie hervorgegangen, wirft sich der Haß, der Abscheu und die Verachtung. Daher sind in allen Sprachen die Epitheta moralischer Schlechtigkeit, die Schimpfnamen, welche sie bezeichnen, viel mehr Prädicate des Menschen als der Handlungen. Dem Charakter werden sie angehängt: denn dieser hat die Schuld zu tragen, deren er auf Anlaß der Thaten blos überführt worden." (Schopenhauer, „Die beiden Grundprobleme der Ethik", S. 91 fg.)

Dem oberflächlichen Blick scheint es allerdings eine unbestreitbare naturwissenschaftliche Thatsache zu sein, daß das Individuum ganz und gar nur ein Product des Gattungsprocesses, der Begattung seiner Aeltern sei. Spricht doch selbst Rudolf Wagner, trotzdem daß er eine immaterielle, unsterbliche Seelensubstanz annimmt, von der Zeugung in einem Sinne, als ob durch dieselbe von der Seelensubstanz der Aeltern Theile auf das neue Individuum, das durch sie erzeugt wird, übergingen. „Daß aber", sagt er, „von dieser Seelensubstanz etwas gerade so abgenommen und übertragen werden kann, wie die Elektricität von einer Elektrisirmaschine auf die Goldblättchen eines Elektroskops, das lehrt uns die Physiologie der Zeugung. In diesem Sinne habe ich an einem andern Orte von einer Theilbarkeit der Seele gesprochen, die so viele Angriffe erfahren." („Ueber Glauben und Wissen", S. 25.) Materialistischer kann doch gewiß von der Seele nicht gesprochen werden, als hier der Antimaterialist Wagner von ihr spricht!

Aber eben nur dem oberflächlichen Sinn, wie wir bereits gesagt haben, erscheint das Individuum ganz und gar nur als ein Product, ein Compositum von dem in der Begattung zusammengemischten Stoff des Mannes und Weibes. Der tiefer bringende Naturforscher erkennt zwar die Zeugung als die nächste Ursache eines neuen Individuums an; aber er bleibt bei dieser nächsten, blos wirkenden Ursache nicht stehen, sondern erkennt dieselbe als abhängig von einer höhern, sie dirigirenden Ursache, einer Zweckursache, welche die beiden Aeltern zur Erzeugung eines neuen Individuums zusammengetrieben.

So wenig der tiefere Naturforscher die Functionen des Organismus, z. B. die Sinnesfunctionen, aus der materiellen Beschaffenheit der entsprechenden Organe, die allerdings die nächste wirkende Ursache sind, genügend erklären zu können meint, sondern für die Beschaffenheit der Organe selbst wieder eine tiefere Ursache sucht und diese in ihrem Zweck findet: ebenso wenig begnügt er sich bei Erklärung der Zeugung mit den nächsten Ursachen, ohne die das neue Individuum allerdings nicht zustande kommt, nämlich mit der Begattung der Aeltern, sondern er fragt sich, was ist es denn, was hier gerade dieses, dort jenes bestimmte, so beschaffene Liebespaar zur geschlechtlichen Vermischung antreibt? und dahinter findet er einen Zweck.

Man lese Schopenhauer's „Metaphysik der Geschlechtsliebe" („Die Welt als Wille und Vorstellung", II, Cap. 44), und man wird die Ueberzeu=

gung gewinnen, daß das Individuum, welches uns zunächst nur als ein Product, ein Resultat der Zeugung erscheint, eigentlich und im Grunde das Erste und Ursächliche derselben ist; denn nur Dieses, daß ein neues, bestimmtes Individuum ins Leben treten will, ist der Grund davon, daß ein so beschaffener Mann ein so beschaffenes Weib liebt und sich mit ihr begattet. „Der Endzweck aller Liebeshändel", sagt Schopenhauer, „sie mögen auf dem Soccus oder dem Kothurn gespielt werden, ist wirklich wichtiger, als alle andern Zwecke im Menschenleben, und daher des tiefen Ernstes, womit Jeder ihn verfolgt, völlig werth. Das nämlich, was dadurch entschieden wird, ist nichts Geringeres, als die Zusammensetzung der nächsten Generation. Die dramatis personae, welche auftreten werden, wenn wir abgetreten sind, werden hier, ihrem Dasein und ihrer Beschaffenheit nach, bestimmt durch diese so frivolen Liebeshändel. Wie das Sein, die existentia, jener künftigen Personen durch unsern Geschlechtstrieb überhaupt, so ist das Wesen, die essentia, derselben durch die individuelle Auswahl bei seiner Befriedigung, d. i. die Geschlechtsliebe, durchweg bedingt und wird dadurch in jeder Rücksicht unwiderruflich festgestellt. Dies ist der Schlüssel des Problems .... Die künftige Gene-

ration in ihrer ganzen individuellen Bestimmtheit
ist es, die sich mittels jenes Treibens und Mühens
(zur Erlangung des geliebten Gegenstandes) ins
Dasein drängt. Ja, sie selbst regt sich schon in
der so umsichtigen, bestimmten und eigensinnigen
Auswahl zur Befriedigung des Geschlechtstriebes,
die man Liebe nennt. Die wachsende Zuneigung
zweier Liebenden ist eigentlich schon der Lebenswille
des neuen Individuums, welches sie zeugen können
und möchten; ja, schon im Zusammentreffen ihrer
sehnsuchtsvollen Blicke entzündet sich sein neues Le=
ben und gibt sich kund als eine künftig harmonische,
wohl zusammengesetzte Individualität; wie umgekehrt
die gegenseitige, entschiedene und beharrliche Abnei=
gung zwischen einem Mann und einem Mädchen
anzeigt, daß, was sie zeugen könnten, nur ein übel
organisirtes, in sich disharmonisches, unglückliches
Wesen sein würde.... So unerklärlich die ganz
besondere und ihm ausschließlich eigenthümliche In=
dividualität eines jeden Menschen ist, so ist es eben
auch die ganz besondere und individuelle Leidenschaft
zweier Liebenden; — ja, im tiefsten Grunde ist Bei=
des Eins und Dasselbe: die erstere ist explicite, was
die letztere implicite war. Als die allererste Ent=
stehung eines neuen Individuums und das wahre
punctum saliens seines Lebens ist wirklich der

Augenblick zu betrachten, da die Aeltern anfangen,
einander zu lieben, — to fancy each other nennt
es ein sehr treffender englischer Ausdruck — und,
wie gesagt, im Begegnen und Hoffen ihrer sehn=
süchtigen Blicke entsteht der erste Keim des neuen
Wesens, der freilich, wie alle Keime, meistens zer=
treten wird. Dies neue Individuum ist gewisser=
maßen eine neue (Platonische) Idee: wie nun alle
Ideen mit der größten Heftigkeit in die Erscheinung
zu treten streben, mit Gier die Materie hierzu er=
greifend, welche das Gesetz der Causalität unter sie
Alle austheilt; so strebt auch diese besondere Idee
einer menschlichen Individualität mit der größten
Gier und Heftigkeit nach ihrer Realisation in der
Erscheinung. Diese Gier und Heftigkeit eben ist die
Leidenschaft der beiden künftigen Aeltern zueinander.“
(„Die Welt als Wille und Vorstellung“, II, 534 fg.)

Das hier Angeführte wird genügen, um das
Bewußtsein davon zu erwecken, daß, auch zugegeben,
daß die Individuen Zeugungsproducte sind, daraus
doch noch nicht folgt, daß sie ein bloßes Resultat
stofflicher Mischung ihrer Aeltern, also bloße Com=
posita sind, daß sie vielmehr als die mittels der
Zeugung sich verwirklichenden ursprünglichen Wesen,
zu deren Erscheinung die Zeugung sich nur wie

ein Mittel zum Zweck verhält, betrachtet werden müssen. — Mit diesem Resultat ist aber die moralische Selbstverantwortlichkeit der Individuen sehr gut vereinbar.

IV.

Einfluß der Naturwissenschaft

auf

die Philosophie.

Der Inbegriff von Erfahrungserkenntnissen und eine
in allen ihren Theilen ausgebildete Philosophie
der Natur (falls eine solche Ausbildung je zu erreichen ist) können nicht in Widerspruch treten, wenn
die Philosophie der Natur, ihrem Versprechen gemäß,
das vernunftmäßige Begreifen der wirklichen Erscheinungen im Weltall ist. Wo der Widerspruch sich zeigt,
liegt die Schuld entweder in der Hohlheit der Speculation oder in der Anmaßung der Empirie, die
mehr durch die Erfahrung erwiesen glaubt, als durch
dieselbe begründet wird.

Alexander von Humboldt.

11*

Einige vorlaute Stimmführer wollen behaupten, es sei aus mit der Philosophie; die moderne Naturwissenschaft habe dieselbe um allen Credit gebracht, habe ihre Hohlheit und Nichtigkeit aufgedeckt und sie dadurch für immer vom Schauplatz verdrängt.

Wenn Philosophie identisch wäre mit Schellingianismus und Hegelianismus, überhaupt mit in der Luft schwebenden Gedankengebäuden, mit apriorischen Weltconstructionen, die den Thatsachen widersprechen, — dann hätten sie freilich Recht; denn dieser Art von Philosophie hat die Naturwissenschaft allerdings ein Ende gemacht. Aber diese Afterart von Philosophie ist keineswegs identisch mit dem Wesen der Philosophie. So wenig als durch Zerstörung des Aberglaubens die Religion zerstört wird, so wenig wird durch Vernichtung hohler Speculation die Philosophie vernichtet.

Wir haben im Vorigen nachgewiesen, daß die

Naturwissenschaft der Poesie, Religion und Moral nichts Wahres und Wesentliches raubt, sondern dieselben nur von dem sie Entstellenden und Verfälschenden reinigt, die Poesie nämlich von Geschmacklosigkeit und Unnatürlichkeit, die Religion von Aberglauben und die Gottheit herabwürdigenden Anthropomorphismen, die Moral von verkehrten Pflicht= und Tugendbegriffen. Ebenso nun verhält es sich auch mit der Naturwissenschaft in Beziehung zur Philosophie. Diese wird durch jene nicht verdrängt und überflüssig gemacht, sondern nur von allen entstellenden und verfälschenden Elementen gereinigt, die sich ihr so leicht ansetzen, wenn sie die Erfahrung misachtet oder sich auf mangelhafte Erfahrungserkenntniß stützt.

Naturwissenschaft und Philosophie verhalten sich im Allgemeinen zueinander, wie Physik und Metaphysik. Die Wißbegierde des Menschen geht über Das hinaus, was bloße Physik ihn lehren kann, und daher das metaphysische Bedürfniß, das Bedürfniß nach Aufschluß über die letzten Gründe der Dinge, das immer bleiben wird, so weit auch die physische Erklärung der Erscheinungen, ihre Classification in bestimmte Gruppen und ihre Zurückführung auf bestimmte Gesetze und Kräfte fortschreiten mag.

Das Ungenügende einzelner metaphysischen Sy= steme beweist nichts gegen die Metaphysik als solche. „Daß der Geist des Menschen", sagt Kant, „metaphysische Untersuchungen einmal gänzlich auf= geben werde, ist ebenso wenig zu erwarten, als daß wir, um nicht unreine Luft zu schöpfen, das Athem= holen einmal lieber ganz und gar einstellen würden. Es wird also in der Welt jederzeit und, was noch mehr, bei jedem, vernehmlich dem nachdenkenden Menschen Metaphysik sein, die, in Ermangelung eines öffentlichen Richtmaßes, jeder sich nach seiner Art zuschneiden wird." („Prolegomena zur Meta= physik", Gesammtausgabe von Rosenkranz und Schu= bert, III, 145.) Auch sagt Kant, um das Ungenügende der andern Wissenschaften darzuthun: „Mathematik, Naturwissenschaft, Gesetze, Künste, selbst Moral u. s. w. füllen die Seele noch nicht gänzlich aus; es bleibt immer noch ein Raum in ihr übrig, der für die bloße reine und speculative Vernunft abgestochen ist, und dessen Leere uns zwingt, in Fratzen oder Tändel= werk oder auch Schwärmerei, dem Scheine nach, Beschäftigung und Unterhaltung, im Grunde aber nur Zerstreuung zu suchen, um den beschwerlichen Ruf der Vernunft zu übertäuben, die ihrer Be= stimmung gemäß etwas verlangt, daß sie für sich selbst befriedige und nicht blos zum Behuf anderer

Absichten, oder zum Interesse der Neigungen in Geschäftigkeit versetze. Darum hat eine Betrachtung, die sich blos mit diesem Umfange der für sich selbst bestehenden Vernunft beschäftigt, darum, weil eben in demselben alle andern Kenntnisse, sogar Zwecke zusammenstoßen und sich in ein Ganzes vereinigen müssen, wie ich mit Grund vermuthe, für Jedermann, der es nur versucht hat, seine Begriffe so zu erweitern, einen großen Reiz, und ich darf wol sagen einen größern, als jedes andere theoretische Wissen, welches man gegen jenes nicht leichtlich eintauschen würde." (Daselbst S. 162 fg.)

Aristoteles leitet bekanntlich die Philosophie vom Staunen ab. „Vom Staunen", sagt er, „ging ehemals, wie noch jetzt, die Philosophie aus. Anfänglich staunten die Menschen über leichtere Dinge, nach und nach gingen sie weiter und forschten über wichtigere Gegenstände, über die Zustände des Mondes, der Sonne, der Sterne und über Entstehung des Weltalls. Zweifel und Staunen aber sind Zeichen der Unwissenheit." („Metaphysik", I, 2.) Nun, trotz aller gepriesenen Fortschritte der Naturwissenschaft, gibt es immer noch genug Stoff zum Staunen, noch immer genug Zweifel und Unwissenheit. Die Physik hat noch keineswegs das Räthsel der Welt und des Daseins gelöst. Mit ihren Fortschritten nimmt zwar die Verwunderung über die Erscheinungen der Natur ab, aber die Verwunderung über das Wesen derselben, oder über das in ihr Erscheinende, bleibt, ja nimmt für denkende Köpfe noch zu. Demgemäß haben sich auch besonnene Naturforscher der Gegenwart noch nicht, wie jene materialistischen Stimmführer, gerühmt, mit Chemie und chemischen Apparaten das Wesen der Natur ergründet zu haben. „Kein wahrer Naturforscher", sagt der Anatom R. Virchow, wird die Ansicht hegen, daß es ihm möglich sei, den Plan der Weltordnung zu ergründen. Die Aufgabe der Naturforschung ist es, die Eigenschaften der Naturkörper und die Geschichte der Naturerscheinungen zu verfolgen, und so die Gesetze kennbar zu machen, nach denen sich der Lauf der natürlichen Vorgänge regelt. Das gesetzmäßige Resultat dieser Vorgänge gilt ziemlich allgemein als ihr Zweck und dieser Zweck folgt mit Nothwendigkeit aus den einmal gegebenen Eigenschaften der Körper, den in der Natur wirksamen Kräften. Daß es nicht der letzte Zweck sein kann, liegt auf der Hand; aber wer wollte diesen erforschen?" (In einem Aufsatze über Empirie und Transscendenz, im „Archiv für pathologische Anatomie und Physiologie", I, Heft 1, S. 28.)

Der Grund, warum Physik nicht die letzten

Auffchlüffe über die Dinge geben kann, ist dieser, daß sie die Erscheinungen auf etwas zurückführt, das selbst wieder der Erklärung bedarf, nämlich auf Naturgesetze und Kräfte, die zuletzt als ein unbekanntes X stehen bleiben. „Durch ätiologische Erklärung“, sagt Schopenhauer mit Recht, „erhalten wir über das innere Wesen einer Naturerscheinung nicht den mindesten Aufschluß: dieses wird Naturkraft genannt und liegt außerhalb des Gebiets der ätiologischen Erklärung, welche die unwandelbare Constanz des Eintritts der Aeußerung einer solchen Kraft, so oft die ihr bekannten Bedingungen dazu da sind, Naturgesetz nennt. Dieses Naturgesetz, diese Bedingungen, dieser Eintritt, in Bezug auf bestimmten Ort, zu bestimmter Zeit, sind aber Alles, was sie weiß und je wissen kann. Die Kraft selbst, die sich äußert, das innere Wesen der nach jenen Gesetzen eintretenden Erscheinungen, bleibt ihr ewig ein Geheimniß, ein ganz Frembes und Unbekanntes, sowol bei der einfachsten, als bei der complicirtesten Erscheinung. Denn, wiewol die Aetiologie bisjetzt ihren Zweck am vollkommensten in der Mechanik, am unvollkommensten in der Physiologie erreicht hat, so ist dennoch die Kraft, vermöge welcher ein Stein zur Erde fällt, oder ein Körper den andern fortstößt, ihrem innern Wesen nach uns nicht minder

fremd und geheimnißvoll, als die, welche die Be=
wegungen und das Wachsthum des Thieres hervor=
bringt. Die Mechanik setzt Materie, Schwere, Un=
durchdringlichkeit, Mittheilbarkeit der Bewegungen
durch Stoß, Starrheit u. s. w. als unergründlich
voraus, nennt sie Naturkräfte, ihr nothwendiges und
regelmäßiges Erscheinen unter gewissen Bedingungen
Naturgesetz, und danach erst fängt sie ihre Erklärung
an, welche darin besteht, daß sie treu und mathe=
matisch genau angibt, wie, wo, wann jede Kraft
sich äußert, und daß sie jede ihr vorkommende Er=
scheinung auf eine jener Kräfte zurückführt. Ebenso
machen es Chemie und Physiologie in ihrem Gebiet,
nur daß sie noch viel mehr voraussetzen und weniger
leisten. Demzufolge wäre auch die vollkommenste
ätiologische Erklärung der gesammten Natur eigent=
lich nie mehr als ein Verzeichniß der unerklärlichen
Kräfte, und eine sichere Angabe der Regel, nach
welcher die Erscheinungen derselben in Zeit und
Raum eintreten, sich succediren, einander Platz
machen: aber das innere Wesen der also erscheinen=
den Kräfte müßte sie, weil das Gesetz, dem sie
folgt, nicht dahin führt, stets unerklärt lassen und.
bei der Erscheinung und deren Ordnung stehen
bleiben. Sie wäre insofern dem Durchschnitt eines
Marmors zu vergleichen, welcher vielerlei Adern

nebeneinander zeigt, nicht aber den Lauf jener Adern im Innern des Marmors bis zu jener Fläche er=kennen läßt. Oder, um ein scherzhaftes Gleichniß zu gebrauchen, — bei der vollendeten Aetiologie der ganzen Natur müßte dem philosophischen For=scher doch immer so zu Muthe sein, wie Jemandem, der, er wüßte gar nicht wie, in eine ihm gänzlich unbekannte Gesellschaft gerathen wäre, von deren Mitgliedern, der Reihe nach, ihm immer eines das andere als seinen Freund und Vetter präsentirte und so hinlänglich bekannt machte: er selbst aber hätte unterdessen, indem er jedesmal sich über den Präsentirten zu freuen versicherte, stets die Frage auf den Lippen: «Aber wie Teufel komme ich denn zu der ganzen Gesellschaft?»" („Die Welt als Wille und Vorstellung", I, 110 fg.)

Diese letztere Frage zu beantworten ist nun Sache der Metaphysik, und daher bedarf die Physik der Ergänzung und des Abschlusses durch jene. Andererseits bedarf aber auch die Metaphysik zu ihrer Grundlage der Physik; denn um ein Räthsel richtig lösen zu können, muß man ja die Daten desselben zuvor genau kennen. Die physische Be=schaffenheit der Welt gibt uns das Räthsel auf, und die Metaphysik soll es lösen. Bei diesem Ver=hältniß liegt es aber auf der Hand, daß und wie sehr die Fortschritte der Metaphysik von denen der Physik abhängig sind. In Zeiten, wo die Naturwissenschaft noch sehr zurück war, konnte natürlich auch die Metaphysik nur eine höchst mangelhafte sein. Und auch in der neuern und neuesten Zeit finden wir die Metaphysik noch bei solchen Philosophen höchst mangelhaft, die über die Thatsachen der Natur sich hinwegsetzen und aus bloßen Begriffen heraus das Wesen der Dinge ergründen zu können meinten. Der Dualismus z. B. zwischen Geist und Materie, als zwei grundverschiedenen Substanzen, der noch heute in den Köpfen mancher Philosophen spukt und ihren metaphysischen Systemen zum Grunde liegt, beruht nur auf einer begrifflichen Unterscheidung, durchaus aber nicht auf naturwissenschaftlichen Thatsachen; denn bisjetzt wenigstens hat uns die Natur noch kein blos ausgedehntes, eines immateriellen Princips entbehrendes Ding dargeboten, da jeder materielle Stoff durch ein geistiges Wesen, eine unsichtbare und nur in ihren Wirkungen erkennbare Kraft beseelt ist; noch auch hat sie uns ein blos denkendes, mit keiner Ausdehnung behaftetes Ding gezeigt, da das Denkende in uns, das Gehirn, ausgedehnt erscheint. (Vergl. über das Unbegründete des Cartesianischen Dualismus meine „Briefe über die Schopenhauer'sche Philosophie",

Brief 12.) Mit dem Cartesianischen Dualis=
mus fallen aber natürlich auch alle auf denselben
gegründeten metaphysischen Welterklärungsversuche
weg. Man braucht nicht mehr zu Gott wie zu
einem Deus ex machina, noch zur prästabilirten
Harmonie seine Zuflucht zu nehmen, um die beiden
entgegengesetzten Substanzen miteinander zu ver=
einigen. Die neuere Physiologie lehrt, daß der
Mensch ein Ganzes, eine unzertrennbare Einheit
ist, nicht ein Compositum von Leib und Seele,
deren jedes nur zu dem andern äußerlich hinzu=
käme. Daß der Geist, wie Aristoteles lehrt, von
außen in den Menschen komme, ist nach moderner
Naturwissenschaft nicht mehr möglich zu behaupten.
Damit wird aber auch die ganze metaphysische
Welterklärung eine andere. Der Dualismus löst
sich in Monismus auf.

Wie verschieden eine auf Naturwissenschaft ge=
gründete und mit den naturwissenschaftlichen That=
sachen übereinstimmende Metaphysik von einer dieser
Begründung und Uebereinstimmung entbehrenden
Metaphysik ausfällt, davon kann man sich am
besten überzeugen, wenn man die Schopenhauer'sche
monistische Metaphysik, welche den Willen zum
Alles erklärenden Weltprincip macht, mit der duali=
stischen vergleicht, welche die Welt in Geist und

Materie zerlegt und deren Einigung durch ein höheres Drittes, einen Gott, zustande kommen läßt. Diese letztere Art von Metaphysik macht durchaus alle naturwissenschaftlichen Thatsachen zu einem unerklärlichen Räthsel. Es ist z. B. That=sache, daß der Geist mit dem Körper wächst und sich entwickelt, daß seine Operationen durch das Gehirn, dessen Größe und qualitative Beschaffenheit bedingt sind, wie das Sehen durch die des Auges, daß Störungen des Gehirns Geistesstörungen zur Folge haben u. s. w. Wie sollte nun diese That=sache zu erklären sein, wenn der Geist eine vom Körper verschiedene, für sich fertige und nur äußer=lich mit demselben verbundene Substanz wäre? Wie kommt ein für sich fertiger Geist dazu, in solche Abhängigkeit von dem seinem Wesen ganz fremden Körper zu gerathen, daß er mit demselben wächst und abnimmt, mit demselben gedeiht und leidet? Wenn das Gehirn weiter nichts als ein äußer=liches Werkzeug der Seele ist, wie kommt denn diese dazu, zugleich mit ihrem Werkzeuge krank zu wer=den? Geräth denn auch sonst ein Arbeiter von seinem Werkzeug in solche Abhängigkeit, daß zu=gleich mit diesem er selbst verletzt wird? Wird mit einem Messer auch Der, der damit schneidet, stumpf? Wird mit dem Klavier auch der Klavier-

spieler verstimmt? Der schon erwähnte Anatom
Virchow hat in seinem Aufsatz über Empirie und
Transscendenz gegen Lotze sehr gut die Wider=
sprüche nachgewiesen, in die eine Psychologie sich
verwickelt, welche von falschen metaphysischen Vor=
aussetzungen ausgeht und doch nicht umhin kann,
auf die anatomischen, physiologischen und patho=
logischen Erfahrungen Rücksicht zu nehmen. Lotze
erkennt die Abhängigkeit der Seele vom Körper in
seiner medicinischen Psychologie an, und doch be=
hauptet er eine besondere immaterielle Seelensub=
stanz: eine Annahme, von der Virchow mit Recht
sagt, daß sie keine einfachere Deutung der psychi=
schen Erscheinungen zu gewähren im Stande ist,
vielmehr die Erklärung der psychischen Vorgänge
nur noch schwieriger und verwickelter macht. (In
meinen „Briefen über die Schopenhauer'sche Philo=
sophie", S. 204, habe ich auch schon gegen Hagen
das Unhaltbare der spiritualistischen Psychologie
nachgewiesen.)

Von solchen Widersprüchen befreit nur eine mit
den naturwissenschaftlichen Thatsachen in Einklang
sich befindende Metaphysik. Der wahre Philosoph
geht nicht von vorausgesetzten Begriffen, wie:
Seelensubstanz, Wechselwirkung der materiellen und
immateriellen Substanz u. s. w. aus, sondern er

bildet und entwickelt die Begriffe aus dem Stoffe der Erfahrung, und hat dann nicht zu befürchten, daß sie, wie jene in der Luft schwebenden Begriffs-gebäude von der Naturwissenschaft über den Haufen geworfen werden.

Nächst Lotze ist auch Rudolf Wagner mit der Behauptung einer immateriellen Seelensubstanz auf-getreten. (S. „Menschenschöpfung und Seelensub-stanz. Ein anthropologischer Vortrag, gehalten in der ersten öffentlichen Sitzung der 31. Versammlung deutscher Naturforscher und Aerzte zu Göttingen am 18. Sept. 1854", und dazu die Fortsetzung: „Ueber Wissen und Glauben mit besonderer Be-ziehung zur Zukunft der Seelen.") Rudolf Wagner hat seine verdiente Zurechtweisung durch Karl Vogt in der Streitschrift „Köhlerglaube und Wissenschaft" erfahren. Wenn schon ein Philosoph, der, die phy-siologischen Thatsachen ignorirend, sich in metaphy-sischen Hirngespinnsten über die Natur der Seele ergehen wollte, von den Naturforschern mit Recht verspottet würde; um wie viel mehr verdient dies ein Physiolog, der doch am meisten auf An-erkennung und Beachtung der physiologischen That-sachen zu halten und seine Seelentheorie danach einzurichten verpflichtet ist? Rudolf Wagner denkt sich die menschliche Seele „als ein Product der Combination des göttlichen Geistes mit der Materie zu einem individuell selbständigen Wesen", daher er auch „eine innige providentielle Beziehung zwischen Seele und Leib und eine Wiederauferstehung des (verklärten) Leibes" annimmt. Alles Dieses aus „dogmatischen und metaphysischen Gründen". („Ueber Wissen und Glauben", S. 18.) Als ob ein Naturforscher noch Naturforscher zu heißen verdiente, wenn er aus Glaubensgründen etwas annimmt und für Wahrheit ausgibt, wogegen die unwiderleglichsten physiologischen Gründe sprechen. Was würde man wol von einem Astronomen sagen, der trotzdem, daß er weiß, die Erde drehe sich um die Sonne, dennoch aus Glaubensgründen die biblische Ansicht, daß die Erde stillstehe, für wahr ausgäbe?

Karl Vogt beleuchtet die Wagner'sche „unsterbliche Seele" treffend mit folgenden Worten: „Man betrachte das Loos, welches einer solchen unsterblichen Seele während der kurzen Zeit ihrer Existenz auf Erden wartet. Man betrachte die Entwickelung der Seelenthätigkeiten bei einem Kinde, wie dieselbe nach und nach voranschreitet, wie zuerst die Reflexbewegungen das ganze Reich der Thätigkeitsäußerungen darstellen, wie nach und nach die willkürlichen Bewegungen sich einstellen, wie diese anfangs vollkommen unsicher und selbst zweckwidrig, später zweckgemäß werden, wie das Kind infolge dieser zunehmenden Zweckmäßigkeit Greifen, Blicken, Stehen und Sprechen lernt; wie die Sinnesempfindungen aus der ursprünglichen Allgemeinheit der Eindrücke mehr und mehr sich specialisiren; wie Urtheilskraft, Empfindungsvermögen, Wille, Ueberlegung und Phantasie allmälig aus dem anfangs so unklaren Chaos der Geistesthätigkeiten sich ausscheiden und hervortreten! Man betrachte all dies allmälige Emporringen der Thätigkeiten des Centralnerven=systems, das mit der innern Ausbildung des Organs gleichen Schritt hält, und man stelle sich nun eine unsterbliche Seele vor, an der nichts zu= und nichts abgethan werden kann, die da drinnen in diesem ursprünglich total schadhaften Organe sitzt und die in ihr schlummernden Thätigkeiten nicht manifestiren kann. Sie möchte den Befehl zum Greifen tele=graphiren, aber der Telegraph spielt nicht; — sie möchte Dies und Jenes von außen aufnehmen, die Leitung geht nicht. Kann irgendein Zustand mit der Qual verglichen werden, die eine solche unsterbliche Seele in einem Kindesorganismus bis zu seiner vollständigen Entwickelung erleiden muß?...... Wer jemals einen Menschen gesehen hat, dem durch einen Bruch der Wirbelsäule oder einen Schlagfluß die Nervenleitung nach den untern Extremitäten unterbrochen ist, der wird sich einen kleinen Begriff machen können von den Qualen, welche die Wagner'sche unsterbliche Seele bei jeder das Gehirn interessirenden Krankheit erdulden muß. Der Unglückliche, welchem durch die Zerquetschung des Rückenmarks Empfindung und Bewegung in der untern Körperhälfte gänzlich geraubt ist und der dabei die volle Integrität des Gehirns behalten hat, ist in einem Zustande steter Verzweiflung über diese Lähmung; er sieht, daß man seine Glieder betastet, und fühlt es nicht, — er strengt seinen Willen auf das äußerste an, um seine Füße zu bewegen, und es gelingt ihm nicht. Nun stelle man sich den Zustand einer Seele vor, welche auf einem vollen brauchbaren Gehirnklaviere ihre Passagen zu spielen gewohnt war, und der plötzlich ein Theil der Klaviatur schabhaft wird: ein Aederchen springt und das ausgetretene Blut preßt ihr die Tasten des Gedächtnisses zusammen; eine Blutwelle steigt auf und verkehrt ihre schönsten Gedanken in Raserei; ein Stück Umhüllungshaut verdickt sich und drückt ihre Intelligenz zu Blödsinn herab; ein Knochensplitter wächst langsam in die Gehirndecke vor und kitzelt ihre Phantasie zu ungeberdigen Sprüngen im wachen Zustande auf! Welche unendliche Qual muß die

Seele erdulden über diese Verheerung ihres Thätigkeits= bereiches, die abzuwenden sie gar keine Mittel hat, denen gegenüber sie vollständig unmächtig ist!" (S. 98 fg.)

Mit Recht sagt Karl Vogt, die Consequenzen aus der Wagner'schen Seelensubstanz ziehend: „Was dem einen Organe recht ist, ist dem andern billig. Wenn wir zur Erklärung der Thatsache des Be= wußtseins eine unsterbliche individuelle Seele an= nehmen, so müssen wir zur Erklärung der Thatsache der Muskelzusammenziehung eine unsterbliche Muskel= seele, und so fort für jedes Organ zur Erklärung des letzten Grundes seiner Function auch ein un= sterbliches Wesen annehmen. Diese Freiheit ge= statten wir dann einem Jeden; wir sind vollkommen so gutmüthig wie Virchow und gestatten Jedem, eine unsterbliche Hirnseele anzunehmen; nur knüpfen wir daran die Bedingung, daß der Hirnseelencon= structor consequenterweise auch unsterbliche Muskel= seelen, Leberseelen, Nierenseelen, Darmseelen u. s. w. annehme; kurz ebenso viel unsterbliche Seelen als Organe, eine jede bestimmt, den letzten Grund der Functionen dieser Organe zu tragen und zu erklären. Denn mit derselben Bestimmtheit, mit welcher Herr Wagner versichert, daß seiner An= nahme einer unsterblichen Seele für die Hirn= functionen keine physiologische Thatsache entgegen=

stehe, ganz mit derselben Bestimmtheit müssen wir erklären, daß der Annahme dieser verschiedenen Organseelen ebenfalls‹ keine physiologischen That=sachen entgegenstehen; denn für das eine wie für das andere Organ besteht ganz die=selbe Art der Beweisführung.“ (S. 110 fg.)

Die echte Metaphysik, d. i. die von biblisch=dogmatischen Glaubensvoraussetzungen unbefangene Metaphysik, erspart sich solche Lächerlichkeiten, wie die von Vogt aufgedeckten Wagner'schen Absurdi=täten sind, weil sie sich nicht anmaßt, die sinnlichen Thatsachen zu überspringen, um mit einem Satze im Uebersinnlichen zu sein. Sie erkennt also an, daß die sogenannte Seele zunächst weiter nichts ist, als ein gemeinschaftlicher Ausdruck für die verschiedenen, in=einander greifenden Functionen des Gehirns, daß sie sich also zu diesem nicht anders verhält, wie auch sonst die Functionen zu ihren entsprechenden Organen; sie erkennt an, daß Dasselbe bei den Seelenfunctionen, wie bei den Functionen der andern Organe stattfindet, daß nämlich die normale Seelenthätigkeit bedingt ist durch die Integrität ihres Organs, des Gehirns, wie das normale Sehen durch die Integrität des Auges u. s. w. Sie muß also einstimmen in die Worte Karl Vogt's: „Bei allen Organen ohne Ausnahme ist dieselbe Inte=

grität zur Hervorbringung der ganzen normalen
Function nöthig; bei allen Organen können wir
durch Schädigung des Apparates die Function
schädigen, sie verändern, schwächen, kurz verschiedene
Modificationen derselben hervorrufen. Daraus schließt
nun jeder vernünftige Mensch, daß eben die Function
an den Apparat gebunden sei. Nur bei dem Ge=
hirne will man dies nicht anerkennen; nur bei
diesem will man eine specielle, für die andern
Organe nicht gültige unlogische Schlußfolgerung
eintreten lassen, um eben dem Verdummungsorgan
des Glaubens einen Spielraum zu lassen. Wenn
ich einem Thiere den Blutzufluß zu den hintern
Extremitäten gänzlich abschneide, so ist die Function
der Muskeln durch die Hemmung der Ernährung
derselben gänzlich aufgehoben; das Thier kann die
Beine nicht bewegen, die Muskeln sind gelähmt,
die Function ist durch Schädigung des Apparates
vernichtet. Dies ist die einfache logische Schluß=
folgerung, die sich unmittelbar aus der Thatsache
ergibt und die Niemand wird angreifen können.
Lasse ich wieder Blut zu, ehe die Zersetzung der
Muskeln begonnen hat, so stellt sich auch die
Function wieder her, das Thier kann seine Beine
wieder bewegen; lasse ich aber kein Blut mehr zu,
so stirbt der Muskel ab, zersetzt sich, verfault, und

es ist überhaupt ein Ende mit jeder Zusammen=
ziehung, mit jeder Ausübung der Function. Jeder=
mann wird diesen Versuch überzeugend finden; kei=
nem Menschen wird es einfallen zu sagen, die
Function habe während des Aufhörens der Blut=
zufuhr latent in den Muskeln gelegen, habe sich
später, nach dem Absterben der Muskeln, als un=
sterbliches Wesen von demselben getrennt und sei
etwa gar in einen andern Weltkörper hinüberge=
flogen. Wer sich erdreisten würde, ein solches
Raisonnement vorzubringen, würde nur
mit Achselzucken oder mit der bedauernden
Bemerkung, er sei wol nicht richtig im
Kopfe, angehört werden." (S. 111 fg.)

Diese Worte eignet, wie gesagt, die unbefangene
Metaphysik sich vollständig an. Aber so geneigt sie
auch ist, die Thatsachen und die nächsten sich daran
knüpfenden Schlußfolgerungen zuzugeben, so wenig
kann sie doch andererseits dem materialistischen Na=
turalismus zugestehen, mit seiner Erklärung Alles
erklärt zu haben. Eine Anmaßung ist so schlimm
als die andere. Müssen wir die Anmaßungen jener
Art von Metaphysik zurückweisen, welche die That=
sachen überspringt oder unlogische Schlußfolgerungen
aus denselben für Wahrheit ausgibt, so müssen wir
andererseits auch nicht minder die Anmaßungen jenes

Empirismus perhorresciren, der die Erfahrung zum Letzten, Alles Erklärenden macht.

Mag es immerhin richtig sein, daß die verschiedenen Functionen des Organismus, also auch die psychischen, an ihre Organe gebunden sind, — woher denn, entsteht die Frage, der ganze Organismus? Ist dieser blos ein Product des Stoffes, der stofflichen Combination chemischer Elemente, oder hat er einen metaphysischen Ursprung? Daraus, daß die Functionen des Organismus nicht ohne die entsprechenden Organe vonstatten gehen, folgt daraus schon, daß der Organismus die letzte erklärende Ursache seiner Functionen ist? Verhält es sich nicht vielmehr umgekehrt, daß der Zweck der Functionen das Bildende des Organismus ist?

Die Erfahrung lehrt uns, daß das Sehen nicht ohne Auge, das Hören nicht ohne Ohr, das Sprechen nicht ohne Sprachorgane, das Denken nicht ohne Gehirn vonstatten geht; aber folgt daraus, daß Auge, Ohr, Sprachorgane, Gehirn die ausreichenden Ursachen zur Erklärung des Sehens, Hörens, Sprechens und Denkens sind? Nöthigt nicht vielmehr das Nachdenken, anzunehmen, daß der Zweck des Sehens, Hörens, Sprechens und Denkens es war, was die materiellen Stoffe zu diesen entsprechenden Organen gebildet hat?

Daß zur Erklärung des Organismus die stoff=
lich wirkenden Ursachen allein nicht ausreichen,
sondern eine Zweckursache, also ein immaterielles
Princip, angenommen werden muß, dies hat noch
kein gründlich denkender Physiolog bestritten. Im
18. meiner „Briefe über die Schopenhauer'sche Phi=
losophie" habe ich schon die Urtheile Eschricht's und
Schultz=Schultzenstein's gegen den chemischen Mate=
rialismus, der alle Zweckursachen leugnet, angeführt.
Keiner aber gibt so schlagende Beweise dafür, daß
der Organismus nur Erscheinung eines inwohnenden
Lebenszweckes ist, als Schopenhauer in der Ab=
handlung „Ueber den Willen in der Natur". Hier
ist der Wille zum Leben als das metaphysische
Princip des Organismus nachgewiesen. Die so=
genannte Seele wird, in Uebereinstimmung mit den
Thatsachen der Physiologie, nicht als etwas Ursprüng=
liches, als eine unabhängige immaterielle Substanz
betrachtet, sondern nur als ein dem Lebenszweck
entsprechendes Organ, erscheinend im Gehirn.

„Bei mir", sagt Schopenhauer, „ist das Ewige
und Unzerstörbare im Menschen, welches daher auch
das Lebensprincip in ihm ausmacht, nicht die Seele,
sondern, mir einen chemischen Ausdruck zu gestatten,
das Radical der Seele, und dieses ist der Wille.
Die sogenannte Seele ist schon zusammengesetzt: sie

ist die Verbindung des Willens mit dem νοῦς, Intellect. Dieser Intellect ist das Secundäre, ist das posterius des Organismus und, als eine bloße Gehirnfunction, durch diesen bedingt. Der Wille hingegen ist primär, ist das prius des Organismus und dieser durch ihn bedingt.... Die wahre Physiologie, auf ihrer Höhe, weist das Geistige im Menschen (die Erkenntniß) als Product seines Physischen nach; und dies hat, wie kein Anderer, Cabanis geleistet: aber die wahre Metaphysik belehrt uns, daß dieses Physische selbst bloßes Product oder vielmehr Erscheinung eines Geistigen (des Willens) sei. Das Anschauen und Denken wird immer mehr aus dem Organismus erklärt werden, nie aber das Wollen, sondern umgekehrt, aus diesem der Organismus. („Ueber den Willen in der Natur", 2. Aufl., S. 19 fg.)

Wie der ganze sichtbare Leib nur Erscheinung des Willens zum Leben ist, so ist auch jedes besondere Organ nur Erscheinung eines besondern, dem Leben dienenden, sich als Mittel zu ihm verhaltenden Wollens. So ist das Seelenorgan, das Gehirn, nur Erscheinung des Erkennenwollens, da das Leben zu seinen Zwecken der Erkenntniß bedarf. Nach dem jedesmaligen Lebenszweck richtet sich daher auch die Beschaffenheit des Erkenntnißorgans, die höhere oder niedere Stufe der Gehirnbildung. „Wie", sagt Schopenhauer, „mit jedem Organ und jeder Waffe, zur Offensive oder Defensive, hat sich auch in jeder Thiergestalt der Wille mit einem Intellect ausgerüstet, als einem Mittel zur Erhaltuug des Individuums und der Art: daher eben haben die Alten den Intellect das ἡγεμονικὸν, d. h. den Wegweiser und Führer, genannt. Demzufolge ist der Intellect allein zum Dienste des Willens bestimmt und diesem überall genau angemessen. Die Raubthiere brauchten und haben offenbar dessen viel mehr, als die Grasfresser. Der Elefant und gewissermaßen auch das Pferd machen eine Ausnahme: aber der bewundernswürdige Verstand des Elefanten war nöthig, weil, bei zweihundertjähriger Lebensdauer und sehr geringer Prolification, er für längere und sichere Erhaltung des Individuums zu sorgen hatte, und zwar in Ländern, die von den gierigsten, stärksten und behendesten Raubthieren wimmeln. Auch das Pferd hat längere Lebensdauer und spärlichere Fortpflanzung als die Wiederkäuer: zudem ohne Hörner, Hauzähne, Rüssel, mit keiner Waffe, als allenfalls seinem Hufe, versehen, brauchte es mehr Intelligenz und größere Schnelligkeit, sich dem Verfolger zu entziehen. Der außerordentliche Verstand der Affen war nothwendig; theils, weil sie, bei einer Lebensdauer, die selbst bei denen mittlerer Größe sich auf funfzig Jahre erstreckt, eine geringe Prolification haben, nämlich nur Ein Junges zur Zeit gebären: theils aber, weil sie Hände haben, denen ein sie gehörig benutzender Verstand entsprechen mußte, und auf deren Gebrauch sie angewiesen sind, sowol bei ihrer Vertheidigung mittels äußerer Waffen, wie Steine und Stöcke, als auch bei ihrer Ernährung, welche mancherlei künstliche Mittel verlangt (z. B. Aufschlagen der Nüsse mit Steinen, Einschieben eines Steins in die offenstehende Riesenmuschel, welche sonst zuklappen und die das Thier derselben herausholende Hand abklemmen würde), und überhaupt ein geselliges und künstliches Raubsystem nöthig macht, mit Zureichen der gestohlenen Früchte von Hand zu Hand, Ausstellen von Schildwachen u. dergl. m. — Im Allgemeinen erhebt bei den Säugethieren die Intelligenz sich stufenweise, von den Nagethieren zu den Wiederkäuern, dann zu den Pachydermen, darauf zu den Raubthieren, und endlich zu den Quadrumanen: und diesem Ergebniß der äußern Beobachtung entsprechend weist die Anatomie die stufenweise Entwickelung des Gehirns in derselben Ordnung nach. (Nach Flourens und Fr. Cuvier.) — Wie hinsichtlich der physischen Waffe, so finden wir auch hinsichtlich des Intellects den

Willen überall als das prius. Raubthiere gehen nicht auf die Jagd, noch Füchse auf den Diebstahl, weil sie mehr Verstand haben; sondern weil sie von Jagd und Diebstahl leben wollten, haben sie, wie stärkeres Gebiß und Klauen, auch mehr Verstand. Sogar hat der Fuchs, was ihm an Muskelkraft und Stärke des Gebisses abgeht, sogleich durch größere Feinheit des Verstandes ersetzt. — Allerdings hängt überall die Intelligenz zunächst vom Cerebralsystem ab, und dieses steht in nothwendigem Verhältniß zum übrigen Organismus, daher kaltblütige Thiere bei weitem den warmblütigen und die wirbellosen den Wirbelthieren nachstehen. Aber eben der Organismus ist nur der sichtbar gewordene Wille, auf welchen, als das absolut Erste, stets Alles zurückweist: seine Bedürfnisse und Zwecke, in jeder Erscheinung, geben das Maß für die Mittel, und diese müssen untereinander übereinstimmen. Die Pflanze hat keine Apperception, weil sie keine Locomotivität hat: denn wozu hätte jene ihr genützt, wenn sie nicht infolge derselben das Gedeihliche zu suchen, das Schädliche zu fliehen vermochte? und umgekehrt konnte ihr die Locomotivität nicht nützen, da sie keine Apperception hatte, solche zu lenken. — Im Menschen steht der den Uebrigen so sehr überlegene Verstand, unterstützt von der hinzugekommenen

Vernunft (Reflexion, Denkvermögen) doch eben nur im Verhältniß theils zu seinen Bedürfnissen, welche die der Thiere weit übersteigen, theils zu seinem gänzlichen Mangel an natürlichen Waffen und natürlicher Bedeckung, und seiner verhältnißmäßig schwächern Muskelkraft, als welche der des ihm an Größe gleichen Affen sehr weit nachsteht, endlich auch zu seiner langsamen Fortpflanzung, langen Kindheit und langen Lebensdauer, welche sichere Erhaltung des Individuums foderten. Alle diese großen Foderungen mußten durch intellectuelle Kräfte gedeckt werden: daher sind sie hier so überwiegend. Ueberall aber finden wir den Intellect als das Secundäre, Untergeordnete, blos den Zwecken des Willens zu dienen Bestimmte." ("Ueber den Willen in der Natur", 2. Aufl., S. 46 fg.)

Diese Beispiele werden genügen, um zu beweisen, daß echte Metaphysik von der Naturwissenschaft nichts zu fürchten hat, da sie sich die Fortschritte der Naturwissenschaft zunutze macht, um mittels derselben hinter das wahre Wesen der Dinge zu kommen. Der echte Metaphysiker behauptet nicht den naturwissenschaftlichen Thatsachen zum Trotz eine immaterielle, unsterbliche Seelensubstanz im Gegensatz zum sterblichen Leibe, sondern da ihn die Natur

wissenschaft belehrt, daß die angebliche Seele, ge=
bunden an das Gehirn, selbst nur ein Theil, ein
Organ des sterblichen Leibes ist, so sucht er das
Ewige, Unsterbliche, nicht in ihr, sondern in Dem,
was Princip des ganzen Leibes, mit Einschluß der
Seele (des Gehirns), ist. Er hat nicht nöthig, um
die Unsterblichkeit zu retten, mit Rudolf Wagner
den physiologischen Thatsachen ins Gesicht zu schlagen
oder eine „doppelte Buchhaltung" für Glauben und
Wissen einzuführen; denn er gründet seine Ge=
danken auf die Erfahrung, kann also nicht in
Conflict mit derselben gerathen. Erst beobachtet
er und dann denkt er über das Beobachtete nach;
erst ist er Physiker und dann Metaphysiker.

Es geht aber auch aus den angeführten Bei=
spielen hervor, wie sehr die Naturwissenschaft zu
ihrer Ergänzung und zu ihrem Abschluß der Philo=
sophie, wie sehr die Physik der Metaphysik bedarf.
Jene verfällt ohne diese, wie das Beispiel der alle
Zweckursachen leugnenden chemischen Materialisten
beweist, in eine Weltansicht, mit der die religiösen
und moralischen Interessen der Menschheit nicht zu=
sammen bestehen können, wie wir schon in den
vorigen Abschnitten nachgewiesen haben.

Dieselbe Frage, die die Metaphysik in Bezug
auf den Einzelorganismus zu beantworten hat:

Woher diese zweckmäßige Stoffcombination, diese organische Gliederung zu einem wohl zusammenstimmenden Ganzen? — diese Frage fällt ihr auch in Bezug auf den großen Gesammtorganismus der Welt zu; denn auch der Makrokosmos, wie der Mikrokosmos, stellt sich uns als ein zweckmäßiges Ganzes dar. Auch zu seiner Erklärung reichen die blos wirkenden, stofflichen Ursachen nicht aus, sondern ist die Annahme einer Zweckursache nothwendig. Damit, daß Astronomie, Geologie ꝛc. die Verkettung der Naturerscheinungen, das wunderbare Ineinandergreifen der Gesetze und Kräfte nachweisen, ist noch nicht Alles abgemacht. Denn der denkende Geist will wissen: Woher diese Verkettung und dieses Ineinandergreifen? Die Metaphysik sucht also auch hier zu den Thatsachen der Naturwissenschaft den Grund, zu dem Daß das Warum. Natürlich aber muß sie, um zu dem wahren Warum zu gelangen, das Daß, d. h. die Erfahrung, vorher genau kennen.

Kant betrachtete die Metaphysik fälschlich als eine rein apriorische Wissenschaft. „Was die Quellen einer metaphysischen Erkenntniß betrifft", sagt er, „so liegt es schon in ihrem Begriffe, daß sie nicht empirisch sein können. Die Principien derselben müssen also niemals aus der Erfahrung genommen sein: denn sie soll nicht physische, sondern metaphysische, d. i. jenseit der Erfahrung liegende Erkenntniß sein. Also wird weder äußere Erfahrung, welche die Quelle der eigentlichen Physik, noch innere, welche die Grundlage der empirischen Physiologie ausmacht, bei ihr zum Grunde liegen. Sie ist also Erkenntniß a priori, oder aus reinem Verstande und reiner Vernunft." („Prolegomena zur Metaphysik", §. 1.) Aber hiergegen bemerkt Schopenhauer mit Recht, es sei geradezu verkehrt, daß man, um die Erfahrung, d. h. die uns allein vorliegende Welt, zu enträthseln, ganz von ihr wegsehen, ihren Inhalt ignoriren und blos a priori bewußte leere Formen zu seinem Stoff nehmen und gebrauchen solle. „Ist es nicht vielmehr der Sache angemessen, daß die Wissenschaft von der Erfahrung überhaupt und als solcher, eben auch aus der Erfahrung schöpfe? Ihr Problem selbst ist ihr ja empirisch gegeben; warum sollte nicht auch die Lösung die Erfahrung zu Hülfe nehmen? Ist es nicht widersinnig, daß, wer von der Natur der Dinge redet, die Dinge selbst nicht ansehen, sondern nur an gewisse abstracte Begriffe sich halten sollte? Die Aufgabe der Metaphysik ist zwar nicht die Beobachtung einzelner Erfahrungen, aber doch die richtige Erklärung der Erfahrung im Ganzen. Ihr

Fundament muß daher allerdings empirischer Art sein." („Die Welt als Wille und Vorstellung", II, 182.)

Hätten Schelling und Hegel dies bedacht, so hätten sie sich mit ihren apriorischen Weltconstructionen nicht vor den Naturforschern blamirt. Nichts ist so geeignet, die Philosophie in Miscredit zu bringen, als Verachtung der Erfahrung. Doch wäre es andererseits auch eine Anmaßung der Naturwissenschaft, wenn sie meinte, durch sich allein der Menschheit genügen und darum die Philosophie ganz und gar vom Throne stoßen zu können. Die Naturwissenschaft ist nur jener hohlen, apriorischen Speculation gefährlich, die aus leeren Begriffen die Welt construirt, unbekümmert um Das, was wirklich ist und geschieht. Dagegen muß sie sich vor einer Philosophie beugen, welche, die Empirie zum Ausgang nehmend, sich über dieselbe zur Erkenntniß des Wesens der Erscheinungen, zur Ergründung der innersten Natur der Dinge erhebt.

Man kann das Verhältniß der Naturwissenschaft zur Philosophie, oder der Physik (im allgemeinsten Sinne des Worts) zur Metaphysik, nicht besser ausdrücken, als es Schopenhauer gethan, indem er sagt: „Mit dem Naturalismus, oder der rein physikalischen Betrachtung, wird man nie ausreichen:

sie gleicht einem Rechnungsexempel, welches nimmer=
mehr aufgeht. End= und anfangslose Causalreihen,
unerforschliche Grundkräfte, unendlicher Raum, an=
fangslose Zeit, endlose Theilbarkeit der Materie,
und dieses Alles noch bedingt durch ein erkennendes
Gehirn, ohne welches es verschwindet, — machen
das Labyrinth aus, in welchem sie uns unaufhörlich
herumführt. Die Höhe, zu welcher in unsern Zeiten
die Naturwissenschaften gestiegen sind, stellt in dieser
Beziehung alle frühern Jahrhunderte in tiefen
Schatten und ist ein Gipfel, den die Menschheit
zum ersten mal erreicht. Allein, wie große Fort=
schritte auch die Physik je machen möge, so wird
damit noch nicht der kleinste Schritt zur Meta=
physik geschehen sein; so wenig als eine Fläche,
durch noch so weit fortgesetzte Ausdehnung, je Kubik=
inhalt gewinnt. Denn solche Fortschritte werden
immer nur die Erkenntniß der Erscheinung ver=
vollständigen, während die Metaphysik über die
Erscheinung selbst hinausstrebt zum Erscheinenden.
Und wenn sogar die gänzlich vollendete Erfahrung
hinzukäme, so würde dadurch in der Hauptsache
nichts gebessert sein. Ja, wenn selbst Einer alle
Planeten sämmtlicher Fixsterne durchwanderte, so
hätte er damit noch keinen Schritt in der Meta=
physik gethan. Vielmehr werden die größten Fort=

schritte der Physik das Bedürfniß einer Meta
physik nur immer fühlbarer machen; weil eben die
berichtigte, erweiterte und gründlichere Kenntniß der
Natur einerseits die bis dahin geltenden metaphy
sischen Annahmen immer untergräbt und endlich
umstößt, andererseits aber das Problem der Meta
physik selbst deutlicher, richtiger und vollständiger
vorlegt, dasselbe von allem blos Physischen reiner
absondert, und eben auch das vollständiger und
genauer erkannte Wesen der einzelnen Dinge drin=
gender die Erklärung des Ganzen und Allgemeinen
fodert, welches, je richtiger, gründlicher und voll=
ständiger empirisch erkannt, nur desto räthselhafter sich
darstellt." („Die Welt als Wille und Vorstellung",
II, Cap. 17, über das metaphysische Bedürfniß des
Menschen, S. 178 fg.)

Hiermit, glauben wir, sind ebenso die Rechte
der Naturwissenschaft, wie die der Philosophie ge=
bührend gewürdigt. Beide Gebiete können nur dann
miteinander in Conflict kommen, wenn jedes von
beiden, ohne Beachtung des andern, sich allein für
das Ganze und Absolute erklärt. Verleugnet die
Naturwissenschaft das metaphysische Bedürfniß, glaubt
sie mit ihrer physischen Weltbeschreibung, mit ihrer
Zurückführung der Erscheinungen auf die bekannten
Urstoffe und Urkräfte Alles gethan zu haben, so

bringt sie die Philosophie gegen sich auf, welche
erkennt, daß mit der physischen Erklärung das Welt=
räthsel noch nicht gelöst, sondern erst aufgegeben ist.
Andererseits, betrachtet sich die Philosophie für be=
fugt und befähigt, ohne Rücksicht auf die Ergebnisse
der Naturwissenschaft das Welträthsel a priori zu
lösen, und construirt sie demgemäß abstracte Begriffs=
gebäude, die nicht auf dem Boden der Erfahrung ruhen,
so geräth sie mit der Naturwissenschaft in Conflict.

Hieraus ist abzunehmen, wie der Naturforscher
und Philosoph sich zueinander zu verhalten haben,
um miteinander in Frieden und Eintracht zu leben.
Der Denker lasse sich vom Beobachter über die
thatsächliche Weltordnung belehren, und der Beobachter
lasse sich vom Denker in den verborgenen Sinn
dieser thatsächlichen Ordnung einführen, — dann
können Beide nur voneinander gewinnen.